O evangelho do Barão

FUNDAÇÃO EDITORA DA UNESP

Presidente do Conselho Curador
Herman Jacobus Cornelis Voorwald

Diretor-Presidente
José Castilho Marques Neto

Assessor Editorial
João Luís Ceccantini

Editor-Executivo
Jézio Hernani Bomfim Gutierre

Conselho Editorial Acadêmico
Alberto Tsuyoshi Ikeda
Áureo Busetto
Célia Aparecida Ferreira Tolentino
Eda Maria Góes
Elisabete Maniglia
Elisabeth Criscuolo Urbinati
Ildeberto Muniz de Almeida
Maria de Lourdes Ortiz Gandini Baldan
Nilson Ghirardello
Vicente Pleitez

Editores-Assistentes
Anderson Nobara
Fabiana Mioto
Jorge Pereira Filho

Luís Cláudio Villafañe G. Santos

O evangelho do Barão

© 2012 Editora UNESP

Direitos de publicação reservados à:
Fundação Editora da UNESP (FEU)
Praça da Sé, 108
01001-900 – São Paulo – SP
Tel.: (0xx11) 3242-7171
Fax: (0xx11) 3242-7172
www.editoraunesp.com.br
www.livrariaunesp.com.br
feu@editora.unesp.br

CIP-Brasil. Catalogação na fonte
Sindicato Nacional dos Editores de Livros, RJ

S236e
Santos, Luís Cláudio Villafañe G. (Luís Cláudio Villafañe Gomes)
   O evangelho do Barão / Luís Cláudio Villafañe G. Santos. –
São Paulo: Ed. Unesp, 2012.
   176p.

   Inclui bibliografia
   ISBN 978-85-393-0244-4

   1. Rio Branco, José Maria da Silva Paranhos, Barão do, 1845-1912. 2. Nacionalismo. 3. Identidade social. 4. Brasil – Relações exteriores. I. Título.

12-2834.   CDD: 981.05
                                            CDU: 94(81)"1822/1889"

Editora afiliada:

Asociación de Editoriales Universitarias
de América Latina y el Caribe

Associação Brasileira de
Editoras Universitárias

À minha mãe, Lia, com reconhecimento e amor.

Sumário

Apresentação 9

A ordem saquarema 15

Da crise à ordem reconstruída 53

O Barão e seu "evangelho" 89

O Barão e a nacionalidade 125

Os milagres do Barão 141

Referências bibliográficas 167

Apresentação

Este livro tem, certamente, um personagem principal: José Maria da Silva Paranhos Júnior, o Barão do Rio Branco. No entanto, nem de longe se trata de um ensaio biográfico sobre o protagonista dessa discussão. Até porque de biografias o Barão já está bem servido, com os excelentes, e ainda muito atuais, trabalhos de Álvaro Lins (1996) e Luís Viana Filho (2008), entre outros. Naturalmente, foi necessário rememorar em alguma medida os eventos de sua vida pública e privada para que a narrativa não perdesse em inteligibilidade para os leitores não familiarizados com a história pessoal do Barão.

A seleção de eventos e o enfoque dado refletem a intenção de realçar certos aspectos em detrimento de outros, o que é, em todo caso, inescapável em qualquer análise. Do mesmo modo, as citações de textos de Rio Branco são, muitas vezes, retiradas de fontes secundárias, o que não constitui um problema, pois esses excertos são bastante conhecidos.

Os principais textos escritos pelo Barão estão sendo reeditados por iniciativa do Itamaraty, no âmbito das celebrações do Centenário de sua morte e, como decorrência dessas comemorações, espera-se que também os documentos do acervo de Rio Branco no Arquivo Histórico e na Mapoteca do Itamaraty, já plenamente acessíveis aos pesquisadores, estejam sendo disponibilizados para consultas por meio da internet.

O enfoque deste livro não está na biografia de Rio Branco, mas na discussão das ideias e do legado do Barão, e na relação dessas ideias com o contexto social e intelectual do Brasil naquele momento rico em situações que possibilitaram a construção da nacionalidade e a modernização de nosso país.

Conforme já argumentei em outro momento (Santos, 2010), Rio Branco conquistou seu lugar entre os santos do nacionalismo brasileiro, um dos *founding fathers* da nação, curiosamente deslocado no tempo em relação ao momento da independência nacional. A sua passagem pela chefia da chancelaria brasileira, de 1902 até sua morte em 1912, consolidou uma determinada visão da identidade internacional do país e do papel que a política externa deveria desempenhar na construção e reafirmação dessa identidade.

O legado do Barão traduziu-se em uma visão considerada consensual, durante muito tempo, sobre quais deveriam ser o estilo e as linhas gerais a serem adotados na política externa do Brasil. Um evangelho a ser seguido e reverenciado. Desde então, ainda que em contextos históricos muito diversos, os sucessivos ministros das Relações Exteriores brasileiros procuraram legitimar suas políticas com referência a uma ideia de continuidade dos objetivos e caminhos traçados por Rio Branco.

Indiscutivelmente, assim foi por muitas décadas. Pelo menos até a chamada "Política Externa Independente", do início dos anos 1960. Mas, de certa forma, ainda em nossos dias – um século depois da morte de Paranhos – o Barão segue como uma referência, ainda que já passível de revisão, na discussão dos rumos da política externa brasileira. Trata-se de um caso paradigmático de consolidação de uma doutrina para as relações exteriores de um país, observada – e até reverenciada – por tão longo tempo.

Pode-se contra-argumentar com, por exemplo, o caso do *Farewell Address*, de George Washington, que até hoje serve de inspiração para os proponentes de uma postura isolacionista dos Estados Unidos. Na verdade, os conselhos do ex-presidente eram abrangentes e não particularmente voltados para a política externa e, nesse aspecto, resumiam-se a uma formulação bastante simples em sua essência: "A principal regra de conduta para nós, no que concerne às nações estrangeiras, é, ainda que fortalecendo nossas relações comerciais, ter com elas os menores laços políticos possíveis".[1] Ainda que se encontre, ainda hoje, quem faça uso da fórmula de Washington para legitimar posturas muito mais unilaterais do que, na verdade, isolacionistas, mesmo essa proposição genérica sempre esteve longe de ser tão consensual nos Estados Unidos quanto as políticas e ideias de Rio Branco, o "evangelho do Barão", foram, por longo tempo, no Brasil.

A influência das ideias que são atribuídas ao Barão é mais vasta e mais complexa. Delas, constaria uma prescrição de Rio Branco pela busca de uma "relação especial" com os Estados Unidos e do papel de intermediário entre a potência estadunidense e a América Latina. Nessa receita caberia, ademais, uma particular atenção com o Cone Sul. Não faltaria a preferência pelo multilateralismo e pelas soluções negociadas. O Barão teria insistido na necessidade da observância da igualdade entre os Estados, fracos ou fortes, na prevalência do direito internacional, como arma dos países desarmados, e na autodeterminação como princípio inalienável. A ideia de Brasil legada por Rio Branco é a de um país pacífico, satisfeito dentro de fronteiras definidas e estáveis. Nem expansionista, como na colônia; nem intervencionista, como durante os tempos do Império.

---

1 A citação, como todas as demais em língua estrangeira, foi traduzida livremente pelo autor.

Naturalmente, como foi, antes de tudo, um agente político marcado pelo pragmatismo, as ações e diretrizes do Barão oferecem lições ambíguas e contraditórias, que permitem a seus pretensos seguidores justificar opções políticas muito distintas entre si. Essa ambiguidade permitiu acomodar as diferenças e contradições nas leituras feitas pelos chanceleres subsequentes ao evangelho deixado por Paranhos. Tarefa facilitada pelo fato de as proposições desse "Livro Sagrado" derivarem de interpretações das decisões e políticas de Rio Branco, sustentadas por textos isolados, escritos ao sabor das circunstâncias, tais como discursos, cartas particulares, artigos de jornal e instruções às representações diplomáticas no exterior. O Barão não deixou um registro sistemático de suas ideias e orientações.

Para que se possa entender a permanência do legado de Rio Branco, aqui se fará um esforço para situar o Barão dentro de seu contexto histórico específico, da crise e transformação da ordem estabelecida no Império até a consolidação de uma nova ordem, da qual ele será um dos grandes artífices. A ênfase, naturalmente, está na política externa, que é, como já argumentei longamente em outra ocasião (Santos, 2010), um importante vetor de criação de identidades coletivas, seja em torno da nação, seja em relação a formas de identidades ainda pré-nacionais. Será, portanto, necessária uma breve análise da evolução da política externa ao longo do período monárquico, para que ela possa ser contrastada com os diversos projetos de identidade – as várias "ideias de Brasil" – propostos pela geração de 1870 (que combateu e deslegitimou a ordem saquarema); com as iniciativas de política externa dos primeiros anos do período republicano; e com a consolidação da política externa da República Velha, que será operada por Rio Branco.

A aura de autoridade derivada do sucesso desse processo de estabilização de novas doutrinas e formas de operar a política externa vai reforçar o caráter institucional da política externa como o saber de uma burocracia especializada. A ideia de separação e relativa independência entre a diplomacia e a política interna foi recuperada por Rio Branco, em parte por suas convicções pessoais, mas também por razões conjunturais. Consolidou-se como uma das doutrinas do próprio estamento burocrático encarregado pela execução dessa tarefa. Naturalmente, há aspectos técnicos e especializados na implementação da política externa, mas ela nunca poderá estar (pois, inclusive, não permaneceria assim por muito tempo) desligada do projeto político mais amplo que move o Estado e a sociedade em cada momento específico e que projeta e, ao mesmo tempo, obedece a determinada identidade coletiva.

As descontinuidades na condução da política exterior podem ser, e o são rotineiramente, embaçadas ou mesmo ocultadas, inclusive em nome dessa ideia de separação entre o externo e o interno. A sensação de permanência, portanto, tem também bastante de construção ideológica. A explicação para a longevidade do "evangelho do Barão" no discurso de política externa deve, igualmente, ser buscada no fato de sua consolidação ter-se dado em um momento especialmente importante para o longo processo de construção da nacionalidade brasileira. Ao recuperar muitas das doutrinas e políticas do período monárquico, ou ocultar as rupturas em outros casos, o Barão soube incorporar em sua ideia de Brasil um importante patrimônio e o grande investimento que havia sido feito durante os anos do Império na construção de uma identidade coletiva política e socialmente operacional. A proclamação da República traduziu-se em uma crise de legitimidade do Estado que só foi superada com a consolidação do nacionalismo, em bases modernas, como esteio ideológico do Estado brasileiro, um processo para o qual a atuação de Rio Branco foi extremamente importante. Assim, outra ênfase deste trabalho está na relação entre a atuação do Barão e a construção de uma nova identidade coletiva para o Brasil, já em bases plenamente nacionais.

Essa nova identidade será a de um país pacífico, não intervencionista, seguro dentro de suas fronteiras bem definidas, orgulhoso da grandeza e riqueza de seu território e do tamanho de sua população, identificado com as expressões pan-americanas e confiante no direito internacional e nos fóruns multilaterais. Como se verá, há um evidente contraste com a identidade internacional do Brasil no período do Império. No entanto, a historiografia brasileira, inclusive por influência do próprio Rio Branco, acabou por encobrir essas rupturas para apresentar a política externa brasileira como uma construção contínua e linear.

Do mesmo modo, no plano interno, o corte representado pela proclamação da República, pela vitória do federalismo e pelo fim da escravidão será, pouco a pouco, diluído, ao ponto de, quando consolidada a "república dos conselheiros", a alteridade dessa nova identidade estar não mais focada no regime anterior, mas sim nos turbulentos anos do início da República. Essa nova etapa, que tem na gestão de Rio Branco frente às relações exteriores do país uma de suas marcas, representou um resgate de muitas das facetas da antiga ordem saquarema, seus valores e práticas políticas.

O ideal da "conciliação" e da criação de consensos, que marcou o apogeu do Segundo Reinado, voltou a ser um ponto central do discurso que permeou a estabilização da nova ordem oligárquica que caracterizou a República Velha. O sucesso alcançado pelo Barão do Rio Branco na criação de uma visão percebida como consensual na condução das relações internacionais seria, inclusive, mais duradouro e se projetaria por muitas décadas depois de seu desaparecimento físico, um chanceler cuja atuação e ideias continuaram a ser uma referência inescapável para seus sucessores até, pelo menos, o início da década de 1960.

A ordem saquarema

A turbulência dos primeiros anos da República, em contraste com a longa duração do Império brasileiro, tende a relativizar as graves contradições e constantes crises que a única monarquia americana[1] enfrentou ao longo de seus sessenta e sete anos de existência. Como muitas outras ideias que reverberam até os dias de hoje, é simplesmente um mito a aguda diferença entre o Império, uma supostamente plácida monarquia parlamentarista, bastião da civilização europeia, e seus turbulentos vizinhos, (des)governados por regimes republicanos que eram simples fachada para um desenfreado caudilhismo. A monarquia brasileira não esteve isenta de convulsões e ameaças separatistas até o fim das regências. Na verdade, ao menos até 1850, pode-se dizer que o país viveu em um estado de quase permanente crise política. Mas, a diferença com o vizinho hispânico, o "outro", que ajuda a definir nossa identidade, foi uma mistificação instrumental para a construção de uma identidade e de uma ideia

---

1 Fora as fugazes experiências de Dessalines (Haiti) e de Iturbide e Maximiliano (México).

de pátria comum e, mais tarde, do sentimento de nacionalidade brasileira.

Com a autonomia política, em 1822, o longo caminho para a construção do fervor nacionalista no Brasil apenas começava. O então quase despercebido "Grito do Ipiranga" não criou uma nação, como tampouco criaram a nacionalidade eventos mais significativos para seus contemporâneos, como a aclamação de D. Pedro como imperador, em outubro de 1822, e sua coroação, em dezembro. Se um país chamado Brasil passou a existir como entidade política autônoma, esse fato não fez que seus habitantes passassem a se sentir brasileiros. Para que estes se reconhecessem como "brasileiros" – uma identidade acima de todas as outras: regionais, raciais, de classe, de hierarquias etc. – foi necessário percorrer um longo percurso (Santos, 2010).

As peripécias do Primeiro Reinado, de um príncipe europeu entre um lugar chamado Brasil e sua pátria de origem, Pedro I do Brasil e Pedro IV de Portugal na mesma pessoa, deixam a descoberto que os antigos súditos do rei português na América – um complexo mosaico de senhores e escravos, indígenas, mestiços, negros e brancos – estavam longe de constituir uma nação. Se uma nação existia, ainda que não com o significado que hoje atribuímos a essa palavra, era a nação portuguesa. A "grande família portuguesa nos dois lados do Atlântico", como se discutiu nas Cortes convocadas em decorrência da rebelião no Porto, depois da expulsão dos franceses do território português na Europa. No entanto, nem mesmo isso é exato. Nos dois lados do oceano apenas começava-se a discutir o pacto social com a dinastia portuguesa e a reconstrução da coesão política daquelas sociedades em bases que, hoje, reconheceríamos como verdadeiramente nacionais. A palavra "nação" já estava lá, usada uma vez ou outra, mas representando uma ideia de identidade muito diferente da "comunidade imaginada" (Anderson, 1989) de conacionais unidos por laços horizontais. O conteúdo dessa palavra transmutava-se em paralelo com a invenção de novos sentimentos. Ao tempo em que começou a se firmar uma identidade própria na ex-colônia americana, a identidade portuguesa, na Europa, ensaiou seus primeiros passos em um sentido propriamente nacional.

Em muitas narrativas, também a política externa do Império, ao longo de suas muitas décadas, é apresentada de forma idealizada, com uma consistência, continuidade e coerência que não refletem suas graves contradições e falências. Inclusive, por razões que discutiremos aqui, essa tradição de representação da política externa do período imperial será muito reforçada por Rio Branco. Na verdade, a política externa não poderia escapar do torvelinho de desencontros e conflitos internos que marcava o novo país. Apenas ao longo do Segundo Reinado é que se pôde observar algum grau de real consistência e mesmo a consolidação de doutrinas sobre alguns dos principais pontos da agenda externa.

Desde 1808 a política externa do império português era feita a partir do Rio de Janeiro. Não era, naturalmente, uma política "brasileira". A caricata *Versailles* tropical tinha se tornado a capital de um vasto império, que se estendia por terras longínquas na África e na Ásia. Houve, inclusive, um curto período em que, reconquistada a soberania portuguesa no território europeu, o rei e a capital do reino permaneceram no Rio de Janeiro, o que situou Portugal, apenas em tese ainda a metrópole, em uma curiosa situação periférica dentro do império. Em 1808, com a chegada ao Brasil da rainha D. Maria, do regente D. João e de parte da Corte portuguesa, logo foi declarada guerra a Napoleão e produziu-se uma invasão dos domínios franceses na América do Sul. D. João mandou ocupar a Guiana Francesa e tomou Caiena. Quiçá uma pobre vingança para a invasão do território português na Europa pelas tropas napoleônicas, mas uma vingança, enfim. E, concretamente, uma manifestação contundente de que havia uma política externa. No entanto, não faz sentido imaginar que essa política obedecia a interesses "brasileiros", ou mesmo "portugueses" (a nação lusa, como a brasileira, estava ainda por ser inventada), pois tinha um sentido estritamente dinástico. Aliás, só a lógica dinástica explica as contradições entre as políticas dos dois esposos, o regente D. João e D. Carlota Joaquina, em aberto conflito no Prata.

Já coroado rei, com a morte de sua mãe (1816), D. João retornou a Lisboa em 1821. Mas, em um contexto em que as condições do pacto social da dinastia com seus súditos já estavam claramente em rediscussão, com as Cortes consolidadas como um centro de poder e de legitimidade alternativo à monarquia dos Bragança. O rei acabou por retornar a Lisboa em resposta às demandas das Cortes, mas o príncipe D. Pedro permaneceu no Rio de Janeiro. O choque entre a nascente nacionalidade brasileira, as reivindicações das Cortes portuguesas e os interesses da dinastia dos Bragança acabaria por produzir a fragmentação do império português. Na lógica dinástica, a luta da Casa Real contra as Cortes, com um rei prisioneiro em Lisboa, era uma situação que criava a necessidade de dar autonomia política à porção americana do reino, sob a soberania do príncipe herdeiro. Mas, não para criar uma nova nação. O objetivo era preservar a dinastia.

Na lógica das Cortes, a regeneração do império passava pela restauração da primazia da península e na reformulação, em bases constitucionais, das relações com o soberano e, principalmente, pela afirmação de uma nova soberania contra aquela representada pela dinastia. Esse novo soberano seria o povo; ou talvez, mais precisamente, seriam seus representantes – os parlamentares agindo em nome da nação. Do ponto de vista de muitos, na colônia americana, tratava-se de evitar o oneroso retorno da inútil intermediação, comercial e política, de Lisboa e também de rediscutir (por que não em bases constitucionais?) os termos do pacto de sujeição à monarquia, estivesse esta no Rio de Janeiro ou em Lisboa. O império dos Bragança não resistiu a essas pressões contraditórias e surgiu um corpo político autônomo chamado Brasil.

A independência do novo país não criou imediatamente uma nova nação, mas, de todo modo, ela se traduziu na necessidade impostergável de criar uma identidade própria para aquele novo corpo político e, como consequência direta, uma política externa própria. De fato, em um sistema internacional de países, em tese, soberanos, o desafio inicial da política externa é, justamente, buscar o reconhecimento dessa nova soberania pelos demais participantes do sistema. Essa tarefa, no caso brasileiro, foi lenta e complicada, no contexto de um processo de emancipação permeado por contradições insanáveis derivadas da incongruência entre uma lógica ainda dinástica e a construção das nacionalidades brasileira e portuguesa. A solução da questão oscilava entre a completa autonomia entre os dois reinos (e, na prática, a divisão da dinastia); a aceitação de uma monarquia dual, com D. Pedro à cabeça de dois reinos; arranjos de subordinação dinástica entre pai e filho (e, portanto, entre Lisboa e Rio de Janeiro); e, mesmo, a reversão ao *status quo ante*, da situação colonial da porção americana do reino.

Essa lógica dinástica, e não "nacionalista", enfatize-se, também permeava as decisões das Cortes europeias sobre o reconhecimento do Brasil independente, em meio a uma tentativa (que fracassará completamente) de restauração do Antigo Regime na Europa após o abalo causado pela França revolucionária e por Napoleão. É verdade que, em casos específicos, como o do reconhecimento pela Inglaterra, interesses econômicos e comerciais concretos eventualmente se contrapunham ao desejo de manter a integridade da dinastia portuguesa, ou de, pelo menos, garantir um bastião monárquico na América republicana.

Em paralelo a tudo isso, vivia-se o surgimento de novas mentalidades e o nacionalismo começava a se afirmar como a principal forma de legitimidade política dos Estados. Naquele momento, essa então relativamente recente formulação ideológica, república/cidadania/nacionalismo, tinha um papel de relevo na progressista América, das novas repúblicas, mas não tanto na conservadora Europa, da Santa Aliança, em que se buscava uma improvável restauração do Antigo Regime. Assim, o continente americano consolidou seu rompimento simbólico com a Europa ao consagrar formas republicanas e legitimar seus novos Estados em bases não dinásticas.

Este não foi, como se sabe, o caminho adotado no Brasil, onde as elites que promoveram a separação de Portugal apostaram na manutenção da monarquia, como forma de atenuar o risco de alterações incontroláveis da ordem social. Na simbólica ruptura entre a América e a Europa, o Brasil imaginou-se "europeu" (Santos, 2004). Ao preservar a monarquia, as elites do novo país pensavam distinguir-se dos vizinhos, retratados como caudilhescos e instáveis. Em contraste, o novo império seria o representante da civilização europeia no continente. Mas, apenas imaginar-se civilizado não resolvia as graves questões internas com que o novo país se defrontava.

A economia, em crise, ressentia-se da crescente pressão inglesa sobre o tráfico de escravos, que aumentava os custos e criava incertezas sobre o futuro da terrível instituição. O café apenas começava a despontar como nova base da riqueza do país, mas os ciclos da mineração e do açúcar já estavam em sua fase de decadência. A situação política tampouco era promissora, com um soberano dividido entre Brasil e Portugal, cercado de um estreito círculo de áulicos, em contraste com novas forças sociais e políticas que buscavam seu espaço, sem que houvesse um sistema formal de partidos ou outros mecanismos já estabelecidos para canalizar essas pressões.

O Primeiro Reinado foi, na verdade, caracterizado por uma crise política permanente, agudizada a partir do fechamento da Constituinte. Ademais, os conflitos internos e externos mesclaram-se em alguns momentos, como na questão da sucessão portuguesa. O reinado de D. Pedro I afundou-se nessas contradições e acabou em uma grave crise de legitimidade, que se resolveu de modo extremo, em 1831, com a renúncia de

Pedro I, que seguiu para reconquistar seu reino em Portugal. No Brasil, deixou seu filho ainda criança e uma regência em que as elites locais testaram os perigos que o republicanismo podia representar para seus interesses imediatos.

Naturalmente, nas primeiras décadas do século XIX, a agenda internacional do Brasil era bastante estreita. Estava centrada em poucos temas: a guerra e a paz, os limites, o comércio, a navegação e a resistência ao fim do tráfico de escravos.[2] Este último tema unia as várias elites regionais do Brasil, movidas por um interesse comum que, inclusive, está na base de muitas explicações sobre a questão da manutenção da integridade territorial da ex-colônia.[3] Mesmo com essa agenda reduzida, a política externa de D. Pedro foi, na maior parte das vezes, tímida. Outras, pouco sensata. Mas, quase sempre contraditória e ineficaz.

Já no cumprimento de sua primeira tarefa – a obtenção do reconhecimento da independência pelos demais Estados – a diplomacia brasileira passou a ser alvo de ferozes críticas. Não que o reconhecimento tenha deixado de ser obtido, mas foi um processo excessivamente longo, tortuoso e pelo qual se pagou um preço considerado muito alto. Os dois países-chave para a consagração internacional da autonomia brasileira eram Portugal, afinal a ex-metrópole, e a Inglaterra, a potência mundial e principal parceiro comercial. Lisboa resistia. Os britânicos

---

2 Evidentemente, havia outros temas. Alguns, hoje, soam revoltantes ou ridículos, como a tentativa de assinar tratados de extradição com os países vizinhos para a devolução dos escravos fugitivos e as negociações diplomáticas para a busca de consortes para a família real.

3 Muitas qualificações são necessárias neste ponto. Primeiro, a questão da manutenção da integridade territorial é um mito que se autoalimentou, como discuti em outro contexto (Santos, 2010, p.64-8). Em segundo lugar, naturalmente, são muitos os fatores que confluíram nessa questão. São variáveis de diversas ordens, estruturais e fortuitas (ver Santos, 2004, p.52-6), mas não há dúvidas de que o interesse das elites regionais, ainda que em graus muito distintos, na manutenção da escravidão e do tráfico figura de modo importante nessa explicação.

procuraram garantir, em troca do reconhecimento, que a inserção da ex-colônia no sistema mundial seguisse o figurino livre-cambista reservado à América Latina. As exigências eram claras: o fim do tráfico de escravos, a manutenção dos privilégios comerciais e o pagamento de dívidas portuguesas, inclusive das referentes aos gastos para combater a independência brasileira. Após negociações iniciais que não avançaram, o Brasil cedeu aos ingleses nas questões fundamentais: a abolição do tráfico de escravos e a redução dos direitos de importação sobre os produtos da Inglaterra de 24 para 15 por cento. Em contrapartida, obteve-se ademais do reconhecimento por Londres, o decisivo empenho britânico na tarefa de convencer Lisboa a aceitar o fato consumado.

Pressionado pela Inglaterra, Portugal assinou, em agosto de 1825, tendo um emissário inglês como representante de Lisboa nas negociações, um tratado que reconheceu a independência brasileira. Esse acordo centrou-se em quatro pontos. Em primeiro lugar, D. João VI reconheceu, "de Sua livre Vontade", a independência e D. Pedro como imperador, ainda que tenha reservado para si o mesmo título, como uma forma simbólica de suserania. Em segundo lugar, o Brasil comprometeu-se a não se unir às colônias portuguesas na África, o que desagradou os interesses ligados ao tráfico de escravos, que contavam com uma projeção do Império na África para que o comércio transatlântico de escravos pudesse ser considerado uma "questão interna" e, portanto, fora da alçada britânica. Em terceiro lugar, o Brasil assumiu as obrigações de um empréstimo de £ 1.400.000 contraído por Portugal em Londres, para combater a independência brasileira, e se comprometeu a pagar outras £ 600.000, em espécie, a Portugal. Finalmente, o tratado fixou as tarifas no comércio entre os dois países em 15 por cento, para todas as mercadorias.

Assinaram-se com a Inglaterra dois tratados, que representaram, na prática, a rendição incondicional às exigências inglesas.

A convenção contra o tráfico, assinada em novembro de 1826, estabeleceu um prazo de três anos, a contar da data da ratificação (13 de março de 1827), para que o Parlamento brasileiro votasse lei abolindo o tráfico de escravos. Esse tratado, como se sabe, deu origem à expressão "para inglês ver" e iniciou uma longa e melancólica tradição de desrespeito às obrigações, inclusive jurídicas, assumidas pelas autoridades governamentais brasileiras. Ainda assim, a repercussão não poderia ter sido pior junto ao poderoso setor dos escravocratas e dos traficantes de escravos.

Foi assinado, também, em 17 de agosto de 1827, um Tratado de Amizade, Navegação e Comércio, com duração prevista de 15 anos. A Grã-Bretanha teve confirmadas praticamente todas as vantagens contidas no tratado de 1810 com Portugal: a) manutenção das tarifas de importação dos produtos britânicos em 15 por cento *ad valorem*, não podendo o Brasil cobrar direitos inferiores a esses de qualquer outro país, com exceção de Portugal; b) os súditos britânicos residentes no Brasil gozariam de liberdade de culto e inviolabilidade de seus domicílios, e das mesmas facilidades de pagamentos alfandegários concedidas aos brasileiros; e c) era mantido o juiz conservador da nação britânica.

A inconveniência do acordo era flagrante: os produtos de exportação brasileiros eram similares aos dos domínios britânicos no Caribe e o tratamento ainda mais preferencial que essas colônias recebiam da sua metrópole praticamente excluía os produtos do Brasil do mercado inglês. Ademais, a redução tarifária incidia fortemente sobre a arrecadação fiscal do Estado brasileiro, pois a maior parte da receita procedia das rendas da alfândega. A crise fiscal do nascente Estado agravou-se pelos dois lados: o reconhecimento foi comprado com endividamento e com a redução da capacidade de arrecadação.

O reconhecimento da independência pelas demais potências seguiu o mesmo padrão, tendo sido assinada uma série de tratados de comércio, que concediam vantagens aos países europeus, com uma contrapartida ilusória em termos de acesso dos produtos brasileiros a esses mercados. Na medida em que se tratava de países colonialistas, a estreita oferta brasileira de produtos tropicais enfrentava a concorrência direta da produção das colônias, que era absorvida prioritariamente pelas respectivas metrópoles. O chamado "sistema de tratados" seria um dos principais focos das constantes críticas e lamentações contra a política externa de D. Pedro I (Cervo, 1981, p.20-6).

Se com as potências europeias a atitude foi de quase submissão, com os países vizinhos, a política externa do Primeiro Reinado oscilou entre o desinteresse e o desastre. Onde as fronteiras eram pouco povoadas e de difícil acesso (com as Guianas, o Peru e a Grã-Colômbia) ou não existiam (com o Chile), a política foi apenas reativa e tímida (Santos, 2002, p.19-42). Na região da bacia do rio da Prata, certamente intensa, mas contraditória e pouco eficaz. As relações com a Bolívia se encontram em um caso intermediário. O país andino fazia fronteira com a problemática província de Mato Grosso, mas seus interesses concentravam-se na região do Pacífico e, assim, suas relações com o Império eram menos densas do que com seus outros vizinhos.

Na região do Prata, Lecor, que a mando de D. João havia invadido em 1816 o território hoje uruguaio, fez com que a Província Cisplatina se posicionasse em favor de D. Pedro no momento da ruptura com Portugal. Deputados eleitos pela província foram enviados ao Rio de Janeiro e participaram da primeira legislatura da Assembleia brasileira. Do mesmo modo, Dámaso Larrañaga foi feito senador do Império, representando a Cisplatina. O apoio de Buenos Aires à rebelião iniciada pelos "Treinta y Tres Orientales" acabou por levar o Brasil e as Províncias Unidas do Rio da Prata a um conflito bélico que se estendeu de 1825 a 1828.

A Guerra da Cisplatina foi desgastante para a popularidade de D. Pedro, mas foi ainda mais impopular a perda da província, transformada em um Estado independente tanto do Brasil quanto da Argentina. A impotência do Império brasileiro frente aos eventos na região do Prata confirmou-se com a solicitação, por meio da Missão do marquês de Santo Amaro (1830), de uma intervenção europeia que revertesse a independência uruguaia ou, ao menos, transformasse o país em um grã-ducado ou um principado regido por um nobre europeu.

A pouca capacidade de iniciativa da diplomacia de D. Pedro revelou-se também na inapetência em tratar as questões dos limites e da navegação dos rios internacionais. Durante a gestão de Lecor, foi estabelecida uma linha divisória entre as províncias Cisplatina e do Rio Grande do Sul. A Convenção Preliminar de Paz, que garantiu a independência uruguaia, previa, em seu Artigo 17º, a conclusão de um "Tratado Definitivo de Paz", pelo qual se esperava fixar as fronteiras entre o Brasil e o Uruguai, o que acabou por não ocorrer. Do mesmo modo, as missões do peruano José Domingos Cáceres (1826) e do colombiano Leandro Palacios (1827), enviados ao Rio de Janeiro para, entre outros temas, discutir os limites de seus países com o Império não puderam iniciar essas negociações ante a negativa da chancelaria brasileira de discutir o tema, sob alegação de que não havia ainda os elementos necessários para o estudo dessas questões. Em resposta a essas missões, em 1829, D. Pedro enviou ao Peru e à Grã-Colômbia Duarte da Ponte Ribeiro e Luiz de Souza Dias, respectivamente. Nenhum dos dois, no entanto, estava autorizado a tratar de limites. Em Assunção, de 1824 a 1829, houve um cônsul brasileiro, Manuel Correa da Câmara, que chegou a discutir os limites do Império com o Paraguai, mas sem que se chegasse a um acordo sobre o critério a ser aplicado: o ditador paraguaio, Francia, queria o reconhecimento das linhas que estariam definidas pelo Tratado de Santo Ildefonso, de 1777, e o diplomata brasileiro buscou a aceitação do princípio do *uti possidetis*.

A questão da navegação fluvial, em que o Império tinha interesses contraditórios, tampouco foi bem encaminhada durante o Primeiro Reinado. A navegação pelo Prata era vital para as comunicações com as regiões ao oeste de São Paulo e do Paraná, bem como com a província de Mato Grosso. Neste ponto, os interesses convergiam com os das potências europeias e dos Estados Unidos, que queriam dispor de acesso desimpedido ao interior do continente. Em contraste, a possibilidade da livre navegação pelo Amazonas até a Bolívia, o Peru e a Grã-Colômbia assustava as autoridades do Rio de Janeiro, exatamente pela mesma razão.

Em um tema, no entanto, a diplomacia de D. Pedro mostrou-se ativa e coerente: a defesa da monarquia contra alianças antibrasileiras, reais ou imaginárias. A questão era candente. Os exércitos revolucionários, liderados pelos próceres San Martín e Simón Bolívar, estavam expulsando os espanhóis do continente, um processo cuja última grande batalha se deu em Ayacucho, no Peru, em dezembro de 1824. A partir daí, a resistência espanhola seria residual. Em 1825, foram vencidos na Bolívia e, em 1826, abandonaram suas últimas posições no porto de Callao, no Peru.

Quando da chegada do exército libertador à Bolívia, sob o comando de António José de Sucre, no início de 1825, a resistência espanhola reduzia-se à cidade de Potosí. Em março do mesmo ano, ante a iminente chegada das tropas bolivarianas, o governador espanhol da província de Chiquitos, limítrofe com o Brasil, atravessou a fronteira e propôs ao governo da província de Mato Grosso que Chiquitos se colocasse sob a proteção do imperador do Brasil. Sem tempo de consultar e obter uma resposta do Rio de Janeiro, pois as comunicações entre a província e a capital do Império demoravam meses, as autoridades de Mato Grosso aceitaram a adesão de Chiquitos e invadiram a Bolívia com uma pequena tropa de sessenta homens. Informado do ocorrido, em 11 de maio, Sucre apresentou um *ultimatum* ao governo de Mato Grosso, no qual pôs em dúvida que a anexação da província boliviana tivesse sido aprovada pelo Rio de Janeiro. Sucre, ademais, iniciou entendimentos com as forças argentinas estacionadas no sul da Bolívia, com intuito de obter apoio para um eventual ataque ao Império.

Simón Bolívar, no entanto, adotou uma postura de cautela. Instruiu Sucre a conservar-se em território boliviano, pois entendia que "a Santa Aliança se aproveitaria do menor passo, violento ou indireto que pudessem dar os governos da América, para atribuir-nos intenções ambiciosas e extensivas à destruição do único trono que há na América" (apud Ovando, 1977, p.41). Antes mesmo que fosse conhecida a posição do Rio de Janeiro, as autoridades de Mato Grosso, já em 21 de maio, voltaram atrás e retiraram as tropas enviadas a Chiquitos. A invasão brasileira durou pouco e, em agosto, se conheceu, como seria de se esperar, aliás, a desaprovação oficial do governo imperial. Naquele início de 1825, já estava presente a ameaça de uma guerra contra as Províncias Unidas do Rio da Prata e o Império ainda não havia sido reconhecido pelas principais potências. Seria, portanto, extremamente insensato apoiar uma aventura que oferecia poucos frutos e muitos problemas no curto prazo. No entanto, a atitude irrefletida das autoridades de Mato Grosso, ainda que nunca endossada pelo Rio de Janeiro, quase chegou a catalisar uma poderosa aliança antibrasileira.

A guerra contra a Argentina, em torno da Província Cisplatina, só foi declarada em 10 de dezembro de 1825. No entanto, já em março de 1824, havia partido de Buenos Aires, com destino a Londres e a Washington, uma missão chefiada pelo general Carlos de Alvear para sondar a disposição das duas potências em usar sua influência para que o Império abandonasse a Cisplatina. Na mesma linha, em fins do mesmo ano, o general Inácio Alvarez Thomas foi enviado ao Peru e ao Chile para obter um compromisso desses países com o princípio de que "nenhum dos Estados americanos tolere que alguns deles ocupe pela força parte alguma dos territórios possuídos pelos Estados circunvizinhos". Em Lima, seria solicitado a Bolívar que garantisse "a integridade dos territórios contra todo outro poder que não seja dos novamente formados no território da América chamada antes espanhola" (Instruções à Missão Alvarez Thomas *in* Mello, 1963, p.186-7).

Bolívar, no entanto, já não se encontrava na capital peruana. Assim, o governo de Buenos Aires enviou, em meados de 1825, outra missão, dessa vez para a Bolívia, com instruções de mostrar "quão perigosa é para a independência e a liberdade da América a política adotada pela Corte do Brasil". Os plenipotenciários argentinos, Carlos de Alvear e José Miguel Díaz Vélez, deviam convencer Simón Bolívar a atacar o Brasil em coordenação com Buenos Aires. Segundo a argumentação dos enviados platinos, o incidente de Chiquitos dava ao presidente do Peru e da Grã--Colômbia "justos motivos e um direito evidente para vingar o insulto que as tropas brasileiras fizeram às armas do Exército Libertador". Assim, Bolívar deveria "atacar com todas suas forças a parte mais débil do Brasil". Ao ataque bolivariano, somar-se-ia a invasão da Cisplatina pelas tropas de Buenos Aires (Instruções à Missão Alvear-Díaz Vélez *in* Mello, 1963, p.188-9).

Bolívar, mais uma vez, reagiu com cautela. Assegurou aos enviados argentinos que "estava pronto a ajudá-los, se o permitem o Peru e a Colômbia" (Ocampo, 2003, p.156) e pediu o parecer do vice-presidente da Grã-Colômbia, Francisco de Paula Santander, que estava em Bogotá. Instruiu que fossem consultados o Congresso colombiano e a diplomacia inglesa "para agir em consequência, no caso em que o Imperador do Brasil nos incomode, pois é jovem, aturdido, legítimo e Bourbon. (...) Aqui não tenho a quem consultar porque ainda não temos agente inglês" (cartas de Bolívar a Santander, de 6 ago. 1825 e 11 nov. 1825. In: Mello, 1963, p.135-136).

Santander, em resposta, opinou pelo não envolvimento na disputa com o Brasil, pois tal passo poderia "trazer grandes perigos que devemos evitar a todo custo. Sem ter o conhecimento de como receberá a Grã-Bretanha a nossa intervenção, não devemos dar um passo incerto e exposto" (carta de Santander a Bolívar, de 21 nov. 1825. In: Mello, 1963, p.128).

Conhecida a posição inglesa, o perigo de uma ampla aliança contra o Império dissipou-se. O chanceler inglês, Canning, solicitou de Bolívar a "continuada abstenção de toda intervenção numa contenda cujo pronto fim há de ser o primeiro objetivo, sendo o segundo impedir que ela se estenda" (carta de Canning para Bolívar, de 20 mar. 1826. In: Mello, 1963, p.177-8). Pouco depois, em vista das posições de Bogotá e Londres, Bolívar escreveu a Sucre, comandante de seus exércitos na Bolívia, para recomendar que procedesse "com muita prudência e delicadeza, a fim de não faltarmos ao nosso governo, nem desgostarmos a nossa amiga [a Inglaterra]" (carta de Bolívar a Sucre, de 28 abr. 1826. In: Mello, 1963, p.143).

A hipótese de o Império se aliar à Santa Aliança para restaurar a dominação espanhola, potencializada pelo incidente de Chiquitos, foi um dos argumentos de Bolívar na convocação do Congresso do Panamá. E a possibilidade de o Congresso gerar uma liga antibrasileira era uma das preocupações do Rio de Janeiro. O Brasil acabaria por ser convidado, mas se desinteressou do Congresso com a confirmação da ausência argentina (Santos, 2004, p.78-85). De todo modo, a preocupação com uma possível ação coordenada das repúblicas vizinhas contra a monarquia brasileira foi um fantasma que se arrastou por toda a duração do Império. O Brasil, monarquia cercada de repúblicas, via seus vizinhos com desconfiança.

A questão da sucessão portuguesa foi outro fator de desgaste para D. Pedro. Pelos termos do tratado de 1825, pelo qual Portugal reconheceu a independência brasileira, D. Pedro manteve seus direitos hereditários sobre o trono luso, uma vez que não constou do acordo qualquer renúncia aos mesmos. A hipótese de as duas coroas unirem-se na mesma *persona*, quando da morte de D. João VI, não agradava aos portugueses, temerosos de, outra vez, ocuparem uma posição secundária na monarquia. E, igualmente, era repudiada pelos brasileiros, pois a inútil e onerosa intermediação política e econômica de Lisboa nos assuntos da ex-colônia poderia ser restabelecida. A hipótese de a coroa portuguesa recair sobre D. Miguel, irmão de D. Pedro, conhecido por suas tendências absolutistas e identificado com a Santa Aliança, não interessava à Inglaterra.

Com o falecimento de D. João VI, em março de 1826, D. Pedro foi reconhecido como Pedro IV de Portugal pelo Conselho de Regência. O novo rei renunciou ao trono em favor de sua filha D. Maria da Glória (então com sete anos). A nova rainha deveria casar-se com seu tio, D. Miguel, que exerceria a regência até que sua esposa atingisse a maioridade. Com o apoio de Fernando VII, restabelecido no trono espanhol, D. Miguel declarou-se rei, dando início a uma luta entre os dois irmãos. Havia no Brasil grande oposição ao envolvimento de D. Pedro na sucessão portuguesa, a qual se verbalizava em protestos pela imprensa e na Câmara dos Deputados. O Congresso tinha a faculdade de negar a aprovação de recursos para uma intervenção de D. Pedro com tropas brasileiras. Nas palavras de Calógeras, comentando o Voto de Graças do Parlamento ao Imperador, em 1830, "mais claro, era impossível: nada de aventuras portuguesas. E o aviso soava grave, no estado de exaltação reinante dos espíritos, com desconfianças de lusitanismo superior a brasileirismo na pessoa do soberano e nas do círculo de seus conselheiros" (Calógeras, 1998, v.II, p.467).

Sem a aprovação do Parlamento, ainda em 1830, D. Pedro enviou o marquês de Santo Amaro à Europa para buscar o apoio das Cortes europeias para uma pacificação de Portugal em torno de D. Maria da Glória, em troca da reconciliação com D. Miguel, concretizada na confirmação da oferta de casamento com a sobrinha. Santo Amaro devia, ainda, pedir a intervenção dos países europeus para a derrubada das repúblicas vizinhas e instalação de monarquias, de preferência dirigidas por membros da dinastia dos Bourbons. Quanto à Cisplatina, Santo Amaro deveria insistir na sua reincorporação ao Império. Caso Santo Amaro não conseguisse convencer as potências europeias da conveniência desse passo, deveria tentar que o Uruguai se transformasse em um grão-ducado ou um principado, governado por um nobre europeu. A missão de Santo Amaro fracassou em seus dois objetivos e D. Pedro I, acossado por uma crescente oposição, acabou por renunciar ao trono do Brasil em favor de seu filho Pedro II, ainda menino, na madrugada de 7 de abril de 1831. Nesse mesmo dia, partiu rumo à Europa para restabelecer seus direitos ao trono português. Após vencer a guerra civil de 1832-1834, ele voltou a reinar em Portugal.

A abdicação de D. Pedro não resolveu a crise interna, e a etapa seguinte, das Regências, foi rica em possibilidades e conflitos sobre a natureza do novo Estado brasileiro. O Poder Moderador estava inativo, pois era prerrogativa pessoal do imperador Pedro II, então inabilitado pela pouca idade. Na ausência da autoridade real, as tendências federalistas e separatistas exacerbaram-se. O poder central enfraqueceu-se e abriu espaço a uma série de concessões, como a extinção do Conselho de Estado, a criação da Guarda Nacional e, a mais importante, o Ato Adicional. No entanto, já a partir do início da década de 1840 essa tendência se reverteu, apoiada na crescente hegemonia de um grupo relativamente recente: a oligarquia cafeeira do Vale do Paraíba. A nova riqueza criou as bases para o restabelecimento do poder central e para uma inédita estabilidade política. Consolidou-se progressivamente um sistema de partidos. Os saquaremas (conservadores) suplantaram, por meios políticos e quando necessário pela violência, os luzias (liberais) e desenhou-se uma configuração partidária na qual os conservadores detinham a hegemonia, mas os liberais continuavam como um elemento indispensável para a estabilidade do regime. A aparência de rodízio no poder entre os conservadores e liberais apenas escondia o essencial: a hegemonia do Partido Conservador.

A ordem interna consolidou-se, lentamente, no curso da década de 1840. A estruturação da política externa também foi um reflexo desse processo. A instabilidade dos anos das regências vinha traduzindo-se em ações desencontradas. Apenas em 1849, na segunda gestão de Paulino José Soares de Souza – um dos grandes protagonistas da ordem saquarema – frente à chancelaria, pôde-se vislumbrar algum grau de coerência e continuidade, que era até então impossível em vista, inclusive, da curta permanência dos titulares da pasta de relações exteriores. De 1831 a 1849, a Secretaria dos Negócios Estrangeiros assistiu à substituição de seu titular nada menos do que vinte e sete vezes.

No início das Regências, a renúncia de D. Pedro I pareceu anunciar mudanças importantes nos rumos da política externa brasileira. A independência estava reconhecida, mas ao custo de um sistema de tratados de comércio que garantiam concessões abusivas às potências europeias. Sem D. Pedro, a política externa poderia, finalmente, deixar de ser pensada sob o prisma de um príncipe europeu e encontrar sua vocação "americana", traduzida em maiores e melhores laços com os vizinhos. Propagou-se a ideia de que, com base nessa identidade e na conciliação com os países limítrofes, as fronteiras do Império e a navegação dos rios internacionais poderiam ser, finalmente, negociadas. Assim, o primeiro impulso em relação à política comercial foi o de estender aos vizinhos as concessões feitas aos países europeus nos tratados de comércio assinados por D. Pedro I. Segundo Cervo (1981, p.25), essa nova diretriz

> representava uma corrente doutrinal, desenvolvida e sustentada em ambas as casas [do Parlamento], como um corretivo ao sistema dos tratados: seriam desvirtuados pela universalização dos privilégios, extorquidos sob pressão pelas potências europeias. Permitiria, por outro lado, a desejada aproximação com os países da América, cujas exportações para o Brasil haviam-se tornado proibitivas, desde a abertura dos portos.

Quando da abdicação de Pedro I, em 1831, havia diplomatas brasileiros em Buenos Aires e Montevidéu: Antonio Candido Ferreira e Manoel d'Almeida Vasconcellos, respectivamente. Naquele ano, Antônio Gonçalvez da Cruz foi enviado à Bolívia como encarregado de negócios e cônsul-geral. Ele, no entanto, morreu pouco depois de chegar à capital boliviana. Em 1836, Manoel Cerqueira Lima e Duarte da Ponte Ribeiro assumiram, respectivamente, as representações diplomáticas do Brasil no Chile e no Peru. Em 1844, chegou a Assunção José Antonio Pimenta Bueno, na qualidade de encarregado de negócios, ato que marcou o reconhecimento da independência paraguaia pelo governo brasileiro.

As negociações com os países vizinhos resultaram em tratados com alguns países sul-americanos: um tratado de aliança, comércio, navegação e limites com o Paraguai em 1844 (que definia as fronteiras com base no Tratado de Santo Ildefonso), um tratado de paz, amizade, comércio e navegação e outro de limites e extradição com o Peru, assinado em 1841 (que ajustava os limites com base no princípio do *uti possidetis*), e um tratado de amizade, comércio e navegação com o Chile, em 1838. Em 1834 e 1836, negociaram-se também os limites com a Bolívia, mas sem sucesso. No entanto, nenhum dos tratados alcançados (negociados com princípios contraditórios, ressalte-se) chegou a ser ratificado. Com a proximidade da expiração do tratado de comércio com a Inglaterra, em 1844, o Congresso adotou a prática de não aprovar novos acordos. Essa diretriz foi exposta no próprio Relatório da Repartição dos Negócios Estrangeiros do ano de 1841:

> É só nessa época futura [1844], quando hajam cessado as estipulações de todos os tratados, ora existentes, onde em verdade não foram devidamente atendidos os interesses do Brasil com a reciprocidade, a que tem jus incontestável, que o Governo imperial, se o julgar conveniente, atenderá aos diversos convites, que lhe têm sido feitos, para se encetarem novos Tratados de Comércio. (RRNE, 1841, p.10)

A questão crucial da definição dos limites do Império com seus vizinhos seguia sem uma orientação segura. O tratado assinado com o Paraguai por Pimenta Bueno em 1844 foi rejeitado "por utilizar o Tratado de Santo Ildefonso na definição das fronteiras, e pelo qual a República restauraria o domínio paraguaio sobre aproximadamente 200 mil quilômetros quadrados, que se encontravam nas mãos de brasileiros" (Doratioto, 2002, p.27). De modo contraditório, o tratado de limites com o Peru de 1841, negociado por Ponte Ribeiro, que tinha por base o princípio do *uti possidetis* tampouco foi ratificado. Quando do exame do texto pelo Conselho de Estado, a utilização do *uti possidetis* foi objeto de fortes críticas:

> os nossos limites, longe de ficarem melhor definidos pela cláusula do *uti possidetis*, são eles inteiramente expostos a uma inovação das antigas convenções entre Portugal e Espanha; inovação tanto mais perigosa quanto o Governo de Vossa Majestade Imperial não está para o reconhecimento de suas vantagens preparado com prévios e seguros exames. O *foadera finium* é daquelas convenções em que não se deve fazer alteração ou mudança sem a mais escrupulosa averiguação de todas as circunstâncias que as reclamam. (Rezek, 1978, p.105-6, consulta de 16 de junho de 1842)

A política platina era igualmente contraditória. Após o reconhecimento da independência uruguaia, em 1828, Manuel Rosas surgiu como principal força da política argentina e, até o fim da década de 1840, a região sofreu entre intervenções de Rosas e das potências europeias. O Império, por sua vez, era arrastado para a turbulência do Rio da Prata, inclusive pela grande permeabilidade de sua fronteira sul, onde mesclavam-se interesses e lutas de grupos que transitavam livremente pelas linhas divisórias ainda mal definidas. A reação a esse estado de coisas mais comprovou do que negou essa fraqueza. As missões de Santo Amaro (1830) e do visconde de Abrantes (1844) buscaram, sem sucesso, que as potências europeias interviessem na região de acordo com interesses do Império, com base em uma suposta identidade entre as monarquias nos dois lados do Atlântico.

A política externa brasileira só adquiriu consistência em fins da década de 1840, com a conciliação interna e o restabelecimento do Poder Moderador, com a maioridade antecipada de D. Pedro II. Para a política externa brasileira, o *Tempo Saquarema* (Mattos, 1987), como expressão da hegemonia política e econômica da oligarquia cafeeira do Vale do Paraíba, traduziu-se externamente na consolidação de políticas e doutrinas que seriam perseguidas de modo ativo e coerente. Apenas a partir da segunda gestão de Paulino Soares de Souza (futuro visconde de Uruguai e um dos próceres do Partido Conservador) na Secretaria dos Negócios Estrangeiros, em 1849, definiram-se as principais linhas que iriam marcar a política exterior do restante do período imperial.

A ideia de que Rosas ameaçava as independências do Uruguai, do Paraguai e talvez até mesmo da Bolívia, como parte do projeto de dar à Argentina os contornos territoriais do antigo Vice-Reinado do Prata, assustava o governo brasileiro, que temia um vizinho excessivamente poderoso, com uma longa fronteira, ainda não definida. Ademais, se dominasse os dois lados da foz da bacia do Prata, a Argentina poderia impedir a navegação internacional dos rios que ligavam o Rio de Janeiro ao oeste das províncias do sul e de São Paulo e à província de Mato Grosso. Havia discussões acesas sobre a necessidade de uma política ativa no Prata. A lembrança do desastre militar e político da Guerra da Cisplatina seguia viva e temia-se que, assim como aquela derrota havia contribuído decisivamente para a queda de D. Pedro I, um mau passo contra Rosas seria uma fonte de grande desprestígio para o jovem imperador e poderia, inclusive, ameaçar a monarquia como instituição.

Em todo caso, as resistências contra uma atitude intervencionista foram finalmente vencidas com a queda de Araújo

Lima (futuro marquês de Olinda), em 1849, e sua substituição por José da Costa Carvalho (futuro marquês de Monte Alegre), com Paulino Soares de Souza à frente da chancelaria. O governo brasileiro passou a apoiar, inclusive financeiramente por meio do futuro barão de Mauá, as lideranças do Partido Colorado, sitiadas em Montevidéu pelas forças do Partido Blanco, do caudilho Oribe, que dominavam o restante do Uruguai com o apoio de Rosas. Em março de 1851, o governo brasileiro tornou pública sua aliança com as autoridades de Montevidéu e, em maio, assinou um tratado de aliança militar com as províncias argentinas de Entre Ríos e Corrientes. Em agosto de 1851 iniciou-se a invasão do território uruguaio controlado por Oribe e, em seguida, Juan Manuel de Rosas declarou guerra ao Império do Brasil e seus aliados. Além disso, em dezembro do mesmo ano, o Império assinou um tratado de aliança defensiva com o governo paraguaio.

Para afastar possíveis alianças e procurar dissipar as simpatias por Rosas no continente, foi enviada uma missão chefiada por Duarte da Ponte Ribeiro ao Chile, Bolívia e Peru. A Missão Especial nas Repúblicas do Pacífico (Santos, 2002, p.75-84) foi desdobrada em duas, em 1852, e Miguel Maria Lisboa foi encarregado de visitar a Venezuela, Nova Granada e o Equador. Os dois diplomatas receberam também instruções para negociar limites, comércio e a navegação dos rios. Pela primeira vez, verificava-se um esforço político-diplomático de dimensões verdadeiramente regionais. Ademais, finalmente se estabeleciam diretrizes claras para o tratamento das questões de fronteiras, comércio e navegação.

No Prata, a vitória contra as forças de Oribe foi rápida e, em novembro de 1851, dominado o território uruguaio, os aliados já se tinham voltado contra Rosas. O ditador argentino foi derrotado na batalha de Monte Caseros, em 3 de fevereiro de 1852. No fim do mesmo mês, as tropas aliadas, inclusive brasileiras, desfilaram vitoriosas nas ruas de Buenos Aires. A intervenção no

Prata havia sido um sucesso estrondoso e, a partir daí, as intromissões brasileiras em assuntos internos argentinos, uruguaios e paraguaios tornaram-se um fato corriqueiro. Somente após a Guerra do Paraguai, em vista do próprio enfraquecimento e da crescente crise interna do Império, esse envolvimento foi moderado. Ainda assim, "já no regime republicano, o governo Floriano Peixoto incentivou a derrubada do presidente paraguaio, Juan Gualberto González, em 1894, para evitar que fosse sucedido por José Segundo Decoud, suspeito, para a diplomacia brasileira, de querer anexar seu país à Argentina" (Doratioto, 2000, p.131).

Por outra parte, com a Missão Especial nas Repúblicas do Pacífico, o Império passou a ter a iniciativa de buscar definir as fronteiras com os países vizinhos e, a partir daí, adotou como doutrina o uso do *uti possidetis (de facto)* como base para as negociações. Os tratados e convenções entre Portugal e Espanha deveriam ser abandonados em prol da ideia de consagrar como critério a posse do território efetivamente ocupado pelas ex-colônias das coroas ibéricas. Como justificativa dessa doutrina, em seu relatório de 1853 ao Parlamento, o futuro visconde de Uruguai explicou:

> A experiência tem mostrado que a população dos Estados vizinhos com áreas muito menores que a do Império, e principalmente a dos centrais, tende a alargar-se sobre nossas fronteiras, ao passo que a nossa população, antigamente atraída para esses pontos pela indústria das minas, e a isso levada pelo sistema da nossa antiga metrópole, tende hoje a aproximar-se do litoral. Assim é que não somente não se tem formado novos estabelecimentos nas nossas fronteiras, mas parte dos antigos tem sido abandonada, ou se acha em decadência. (RRNE, 1853, p.10)

Pode-se constatar que a doutrina do *uti possidetis* adquiria um sentido eminentemente defensivo. Tratava-se, antes de mais nada, de garantir uma linha de fronteira que se afigurava máxima, em virtude da percepção de que a população brasileira refluía para o litoral. Na verdade, é difícil, pela própria definição de *uti possidetis*, considerar que essa tese seja adequada à sustentação ideológica de um projeto ainda expansionista. A expansão existiu, no período colonial, mas tinha perdido seu fôlego com a decadência da mineração e da busca da mão de obra indígena. O trecho citado mostra, ao contrário, o temor de que a população dos países vizinhos transbordasse sobre aquelas longínquas fronteiras do Império. Para evitar isso, a diplomacia imperial iniciou um grande esforço negociador para definir os limites brasileiros o mais prontamente possível. Ainda no período monárquico foram alcançados tratados de limites com o Peru (1851), Uruguai (1851), Venezuela (1859), Bolívia (1867) e Paraguai (1872). Pouco antes da proclamação da República, a diplomacia imperial alcançou ainda um acordo com a Argentina para submeter o litígio sobre a fronteira comum, na região de Palmas, a um processo de arbitragem que teria como juiz o presidente dos Estados Unidos.

A questão do tráfico de escravos, que desde 1826 o governo imperial havia prometido extinguir, exacerbou-se com o *Bill Aberdeen*, em 1845, pelo qual as autoridades britânicas proibiram unilateralmente o tráfico de escravos entre a África e as Américas. Mesmo antes disso, desde 1839, a Grã-Bretanha já havia instruído seus navios de guerra a que aprisionassem navios de bandeira espanhola, portuguesa ou brasileira suspeitos de tráfico ilegal. O resultado do *Bill Aberdeen* foi a apreensão de centenas de navios negreiros com destino ao Brasil, muitos deles já em águas territoriais brasileiras. Curvando-se diante dos fatos e movida por uma conjuntura interna favorável, foi aprovada, em 4 de setembro de 1850, a "Lei Eusébio de Queiroz".

A importação de escravos já estava proibida desde 1831, mas a partir de 1850 foi iniciada uma real repressão também por parte das autoridades brasileiras. Naquele momento existiam no Brasil setores escravocratas que se opunham à importação de africanos, até como forma de valorizar o estoque de escravos de sua propriedade – ainda que, naturalmente, continuassem defensores da escravidão em si. Assim, com o fim do tráfico internacional, verificou-se um importante fluxo de escravos do Nordeste para o Sudeste brasileiro, com grandes lucros para as oligarquias de setores decadentes, que puderam vender parte de seus escravos às regiões mais dinâmicas, sem concorrência dos traficantes de escravos africanos. O fim do tráfico internacional de escravos encerrou definitivamente um dos contenciosos que mais tempo tomavam da diplomacia brasileira. Em seu lugar, se iniciariam as preocupações com a imigração de trabalhadores, não só da Europa, mas também do distante Oriente.

Em outra frente, já em 1826, o governo imperial havia começado a receber pedidos de cidadãos estadunidenses para navegar no Amazonas. Era o início de uma longa série de negativas a tal pretensão. Foram os Estados Unidos a principal fonte de pressões para a abertura da bacia amazônica à navegação internacional, despertando o receio de que essa facilidade pusesse em risco a soberania brasileira sobre aquela zona então quase desabitada. O governo brasileiro temia o plano, que realmente existiu (Horne, 2010, p.155-183), de transferir os escravos estadunidenses e seus senhores para a Amazônia de modo a, mantendo-se a produção algodoeira, livrar o sul daquele país de problemas raciais e sociais, no caso da abolição da escravatura nos Estados Unidos. Em maio de 1862, o ministro estadunidense no Rio de Janeiro apresentou oficialmente uma proposta para a constituição de uma empresa binacional para a colonização da Amazônia com ex-escravos de seu país, mas a oferta foi rapidamente negada, pois aterrorizava o governo imperial, em vista do furor expansionista estadunidense (Sampaio, 2009).

A pressão pela abertura do Amazonas tinha atingido seu auge na década de 1850, quando se assistiu a uma forte campanha na imprensa estadunidense sobre o potencial da região, que o Império insistia em manter fechada. Não faltaram, inclusive, comparações com a abertura forçada do Japão ao comércio internacional. Para o grande propagandista da abertura do Amazonas, Matthew Maury:

> A China quer negociar conosco, mas o Japão coloca-se à beira da estrada, isolado do mundo. Não pertence à fraternidade das nações, e enviamos uma frota para lembrar-lhe que não se pode estar no mundo e fora dele ao mesmo tempo. (...) as cinco repúblicas hispano-americanas querem fazer comércio pelo Amazonas, rio acima e rio abaixo: mas o Brasil, ainda mais na beira da estrada do que o Japão, permanece exatamente na *porta de entrada* e diz: não, não vou usar o Amazonas e não permito que outros o façam. (apud Horne, 2010, p.175, grifo no original)

Washington não se mostrou insensível a tal campanha e, em 1853, designou o general William Trousdale como seu representante no Rio de Janeiro, com instruções de obter o direito de navegação no Amazonas aos seus concidadãos, permitindo-lhes comerciar por essa via com a Bolívia, o Peru, o Equador, Nova Granada e a Venezuela. Em 1853 e, novamente, em 1855, Trousdale passou notas à chancelaria brasileira oficializando essa pretensão. Nas duas ocasiões, o governo imperial respondeu que o assunto ainda estava sob estudos, adiando uma resposta definitiva. As pressões só terminaram com a substituição de Trousdale por Richard Meade, em 1857. Este último, ademais de contar com instruções para adiar a questão, perseguia uma agenda pessoal. Sulista e escravocrata radical, Meade via como principal objetivo da sua missão, sem instruções para tanto, buscar uma aliança com o Brasil em vista da "necessidade de os dois grandes países escravistas da América se juntarem, para resistir à pressão antiescravista do resto do mundo" (Horne, 2010, p.229). Meade foi substituído por James Watson Webb quando se iniciou a guerra civil nos Estados Unidos, e o novo representante estadunidense exerceu grande pressão sobre o

O evangelho do Barão

governo brasileiro para exigir que navios sulistas não se abastecessem no Brasil, o que aconteceu muitas vezes e foi fonte constante de protestos por parte de Webb. O governo imperial não reconheceu diplomaticamente a existência dos "Estados Confederados da América" como um país independente, mas reconheceu-lhe o status de beligerantes, o que gerou enorme insatisfação no governo liderado por Lincoln.

O Brasil tinha interesses conflitantes na navegação do Prata e do Amazonas. A liberdade de navegação na Bacia do Prata era um objetivo arduamente perseguido e uma das razões da atitude intervencionista naquela região. Havia assim uma evidente contradição na atitude de manter o Amazonas terminantemente fechado à navegação, até mesmo para embarcações de bandeira de seus ribeirinhos superiores. O Brasil encontrava-se, portanto, em uma situação de isolamento político, sofrendo constante pressão. O próprio Conselho de Estado reconheceu a gravidade da questão:

> Se nos opusermos aberta e completamente à navegação do Amazonas, teremos todos contra nós, e ninguém por nós. Seremos malgrado nosso, arrastados, e quem é assim arrastado não pode dominar, e dirigir o movimento que o arrasta para dele tirar proveito. Basta lançar os olhos sobre uma carta da América Meridional para verificar que outra coisa não pode acontecer, e para avaliar a massa de interesses contra nós. (Rezek, 1978, p.65, consulta de 17 jan. 1854)

Como forma de destruir a identidade de interesses entre os ribeirinhos superiores e as potências extracontinentais, o governo imperial adotou, na década de 1850, a política de conceder a navegação aos ribeirinhos por meio de tratados bilaterais que regulariam e restringiriam tal concessão, afastando os não ribeirinhos. Tal doutrina harmonizava as políticas para o Amazonas e o Prata, pois neste a navegação estaria amparada em tratados que a diplomacia brasileira esperava obter da Argentina, Bolívia, Paraguai e Uruguai. Terminada a guerra civil estadunidense, as autoridades brasileiras se sentiram mais seguras e, em dezembro de 1866, abriram, de forma regulada, a bacia amazônica à navegação internacional.

A tensão com os Estados Unidos reforçava um dos aspectos ideológicos mais persistentes do regime monárquico brasileiro: seu antiamericanismo, seja como um sentimento antiestadunidense, seja como uma postura anti-hispano-americana. Ao definirem-se como repúblicas, os Estados Unidos e os vizinhos hispano-americanos buscaram construir sua identidade e a legitimidade de seus Estados como uma ruptura não só com as potências coloniais, Inglaterra e Espanha, mas também como uma contradição às estruturas e ao universo ideológico do Antigo Regime. Esses novos Estados independentes partiram, desde o momento de sua separação das respectivas metrópoles, para a tarefa de construir novas nações. Tiveram de inventar nacionalidades que não existiam anteriormente, com resultados díspares em cada caso. Qualquer que tenha sido o real grau de sucesso da invenção dessas novas nações, estabeleceu-se uma ruptura simbólica entre a América e a Europa, em que o Brasil situava-se, em um desafio para a lógica geográfica, muito mais próximo da Europa. A monarquia lastreou a legitimidade do Estado brasileiro em uma ideia de superioridade do Brasil em termos de civilização em contraste com os vizinhos turbulentos e "bárbaros". A monarquia foi associada à integridade territorial para projetar uma noção de permanência e de grandeza, que se reforçava com a suposta maior civilidade trazida pela presença do monarca e da Corte, à semelhança dos países "civilizados" da Europa.

Se para os países vizinhos a alteridade fundamental para a definição de sua própria identidade era em relação à Europa e ao passado colonial, para o Brasil monárquico o "outro" estava logo além das fronteiras e o país independente era, em muitos sentidos, a continuação da colônia. A credibilidade dessa noção de superioridade da civilização brasileira era, durante o Primeiro Reinado, bastante dificultada pela anarquia e tendências separatistas – que se comprovou na perda concreta da Província Cisplatina e em inúmeras revoltas regionais. Apenas no Segundo Reinado pôde-se aproximar a realidade da construção ideológica de uma monarquia civilizada cercada de repúblicas anárquicas – a despeito da persistência da escravidão e outras falências que davam ao Império brasileiro o seu caráter peculiar de "monarquia tropical".

De fins da década de 1840 até a Guerra do Paraguai o Império conheceu seu auge. A ordem saquarema traduziu-se em um sistema político e uma estrutura de valores e práticas sociais que perduraram por várias décadas e acabaram projetando uma ideia de estabilidade e permanência que passou a prevalecer sobre a memória do período de agitações e desordem do Primeiro Reinado e das Regências. Com a maioridade de D. Pedro II, o simbolismo da monarquia como elemento integrador e fonte de legitimidade pôde ser restaurado em prol dessa nova ordem. Na medida em que o imperador ganhou maturidade, também o Poder Moderador passou a ser um vetor fundamental de uma estrutura política que operava em dois níveis de forma muito distinta. No âmbito local, foi mantida a autonomia das elites regionais e predominavam a violência e a autoridade incontrastável dos caciques locais (conservadores ou liberais). Já na capital do reino, prevalecia a discussão cavalheiresca nas câmaras da Corte, dando ao país a feição de uma civilizada monarquia parlamentarista. Unindo as duas pontas, a propriedade como critério de cidadania e uma estrutura fortemente hierarquizada de relações sociais e interpessoais. Na Corte, além do imperador e do ministério, o poder exercia-se por meio das duas casas do Parlamento, especialmente através do Senado vitalício, e do Conselho de Estado, este restituído no bojo das medidas restauradoras que se seguiram à Lei Interpretativa do Ato Adicional, de 1841.

A consolidação dessa estrutura política propiciou a criação de fortes consensos sobre as práticas sociais consideradas "aceitáveis" e valores compartilhados, instâncias que davam limites aos temas e ao conteúdo dos debates públicos: ideológicos e políticos. Manejava-se um repertório restrito de ideias, teorias, esquemas explicativos, conceitos e mitos, presos a um centro de gravidade dado pelos valores consensuais. As ideias europeias eram selecionadas e moldadas de acordo com as necessidades daquela sociedade hierarquizada e escravista. O "despotismo" e a "anarquia" do Primeiro Reinado e das Regências constituíam uma experiência partilhada de boa parte da elite política. Em contraste com esse passado recente em que a "desordem" teria chegado a ameaçar a integridade nacional e a escravidão, cuja continuada exploração gerava a riqueza dessa elite, a "conciliação", a prudência e o "consenso" passaram à condição de valores fundamentais do regime. As reformas, se imprescindíveis, deveriam ser lentas, prudentes e consensuais, ouvida a "opinião pública", que se resumia ao restrito círculo de grandes proprietários, em espaços de discussão selecionados: na imprensa, na Câmara, mas especialmente no Senado e no Conselho de Estado.

A duração do *tempo saquarema* não poderia, no entanto, ser eterna, a despeito do brilho dessas duas décadas – *grosso modo,* de 1850 a 1870 – em que viveu seu auge. O caráter eminentemente reacionário da ordem conservadora contribuiu para o crescente descompasso desse esquema frente às mudanças, inclusive, estruturais, que se estavam operando na sociedade brasileira: o trabalho escravo mostrava-se mais e mais inadequado e surgiam novos grupos econômicos e sociais que não encontravam expressão no sistema político vigente. Mesmo dentro da própria estrutura partidária, as pressões por mudanças se avolumavam. Os liberais advogavam em favor de reformas eleitorais e judiciais que aumentassem a representação das regiões e setores mais dinâmicos e extinguissem as instituições vitalícias, como o Senado e o Conselho de Estado, que exerciam um virtual poder de veto a qualquer mudança. Mesmo dentro do Partido Conservador verificaram-se dissidências, já em 1862, e uma progressiva divisão entre "emperrados", refratários a qualquer alteração da ordem, e moderados, mais permeáveis a mudanças.

A Guerra da Tríplice Aliança deixou a descoberto as falências do regime, inclusive pela dificuldade do Estado imperial em mobilizar a cidadania em defesa da pátria invadida pelo pequeno Paraguai. O manifesto dos liberais, de 1869, já trouxe a palavra de ordem para as décadas que se seguiriam: "ou a reforma ou a revolução". Incluía-se pela primeira vez na plataforma liberal a emancipação, ainda que gradual, dos escravos. No ano seguinte, fundou-se o Partido Republicano, em todas as luzes uma proposta alternativa ao *status quo*. Os limites do repertório de temas admitidos no debate político foram subitamente alargados. A abolição, a religião do Estado, a atuação do Poder Moderador, o federalismo e a república, temas antes interditados, passaram ao primeiro plano das discussões intraelites.

A abertura desse novo espaço político e intelectual permitiu a chegada do "bando de ideias novas" anunciado por Silvio Romero. A despeito da diversidade dos indivíduos e dos enfoques da chamada geração de 1870, segundo Alonso (2002, p.43):

os membros do movimento viveram uma *comunidade de experiência* social: as instituições imperiais prejudicavam suas carreiras ou bloqueavam seu acesso às posições de proeminência no regime imperial, fosse por não pertencerem aos estamentos senhoriais, de onde se extraía a elite imperial, fosse por serem membros de suas facções politicamente subordinadas. Esta experiência compartilhada de *marginalização política* é a chave para entender o sentido de suas manifestações "intelectuais": são *formas coletivas* de crítica às instituições, aos valores e às práticas fundamentais da ordem imperial (grifos no original).

O gabinete liderado pelo conservador visconde de Rio Branco, iniciado em 1871, apropriou-se de algumas bandeiras dos liberais e encetou um programa de reformas dentro da ordem, inclusive com o encaminhamento da questão da abolição, com a aprovação da Lei do Ventre Livre, como "requerem nossa civilização e até o interesse dos proprietários" (apud Alonso, 2002, p.81). Essa tentativa de modernização conservadora acabou por desestabilizar de vez a hegemonia saquarema, com a reação dos liberais, exacerbando suas posições, e a oposição de parte dos próprios conservadores, porta-vozes de um reacionarismo obtuso. O bipartidarismo foi rompido não só pelo surgimento de um terceiro partido, republicano, cuja bandeira principal punha em questão *status quo* monárquico, como pela desestruturação dos próprios partidos conservador e liberal em dissidências e facções. A reforma de Rio Branco não foi suficientemente profunda para acomodar os setores excluídos do poder, nem poderia ser, pois visava preservar a essência da hegemonia saquarema, e acabou por dar ainda mais visibilidade aos crescentes setores não plenamente integrados ao sistema político e à ordem escravocrata. A urbanização havia criado setores desvinculados da propriedade rural e, mesmo no campo, novas áreas agrícolas criavam e reforçavam grupos sociais sem laços diretos com as elites tradicionais. A própria agricultura com base na mão de obra escrava passava a competir com formas plenamente capitalistas, em uma convivência que se mostrava cada vez mais difícil.

A maior complexidade da sociedade brasileira traduziu-se também em novas formas e novos lugares para a ação política. No Império, os poucos espaços de discussão política e cultural mesclavam-se e eram, via de regra, submetidos ao Estado. Em uma sociedade marcada pela predominância do analfabetismo e por um reduzido número de estabelecimentos de ensino, seja de nível universitário ou de formação básica, o alcance dos jornais era restrito a uma pequena elite letrada. A entidade mais representativa da cultura e da ciência no Império, o Instituto Histórico e Geográfico Brasileiro (IHGB), fundado em 1838, era um exemplo claro da imbricação entre cultura e política e reunia um corpo reduzido de associados plenamente identificados com o projeto civilizatório da monarquia. O próprio imperador foi assíduo participante nas atividades e grande patrono do IHGB. A discussão dos temas internacionais e formulação da política exterior eram, por sua vez, tratados prioritariamente dentro de um espaço político ainda mais restrito: o Conselho de Estado e o Senado vitalício, justamente os órgãos mais representativos da hegemonia conservadora.

A crítica à ordem saquarema, cada vez mais intensa após 1870, provinha de uma geração de intelectuais e políticos, ou – talvez mais precisamente, em vista da indiferenciação entre os campos cultural e político – de intelectuais-políticos, marcados pela experiência comum de marginalização, ainda que relativa, em relação à dominação saquarema. Naturalmente, o conteúdo político e a fundamentação teórica dessa crítica à ordem saquarema situaram-se ao longo de um amplo espectro de posições, às vezes contraditórias e mesmo irreconciliáveis. Do republicanismo, generalizado na pregação da geração de 1870, ao monarquismo de Joaquim Nabuco. Da ênfase na necessidade de abolição da escravidão, dada por este último, à menor prioridade concedida ao tema por alguns setores republicanos. Alguns, por sua vez, priorizavam o federalismo, que não constava da plataforma de outros grupos, e assim por diante. Não havia uma unidade de visões na crítica da ordem saquarema. Cada grupo propunha sua alternativa particular para superá-la. O ponto de união entre os diversos queixosos era sua insatisfação com a ordem político-social vigente, que era vista como excludente e como um obstáculo para a satisfação de suas demandas particulares e para o êxito de suas trajetórias pessoais.

A importação súbita de doutrinas e esquemas explicativos europeus, traduzidos de forma aparentemente imperfeita para explicar a realidade brasileira por autores e grupos desencontrados, com interpretações muitas vezes conflitantes, gerou uma percepção de que essa chegada do "bando de ideias novas" de certa forma impôs-se aos brasileiros, que tentavam apenas assimilar, sempre de maneira incompleta, ou imitar as correntes europeias: positivismo, spencerismo, darwinismo social etc. Na verdade, as ideias e práticas são em parte importadas, mas também se alimentam da tradição política brasileira. A importação de esquemas interpretativos é feita de forma seletiva, com objetivos claramente políticos, de crítica da ordem conservadora. A absorção das ideias estrangeiras e sua mescla com as tradições políticas e práticas locais não eram feitas de forma passiva ou irrefletida e a identidade desse movimento intelectual se dava pela postura compartilhada de contestação da tradição e das instituições imperiais.

As críticas da geração de 1870 centraram-se em temas antes praticamente interditados ao debate público, tais como a justificação do regime político pelo direito divino do monarca e a existência e instrumentalidade de uma religião de Estado em que o catolicismo funcionava como base de apoio à monarquia. Negou também a ideia de "desigualdade natural" entre os grupos étnicos e sociais, que legitimava a sociedade hierarquizada e exclusiva (e a escravidão), centrada no poder e nos privilégios do estamento de cidadãos proprietários. Atacou duramente o sistema de ensino que não criava uma cidadania, nem uma opinião pública mais ampla, fora do círculo restrito do poder, capaz de influir e dirigir o sistema político. As elites saquaremas – e não o povo – passaram a ser apontadas como as responsáveis pela ineficácia do sistema político, que estava dirigido para perpetuá-la e não para permitir o amadurecimento da cidadania e a progressiva inclusão dos novos setores no debate político. As práticas clientelistas, a patronagem no preenchimento dos cargos públicos e a lógica estamental eram denunciadas como obstáculos injustificáveis para a ascensão dos elementos educados e talentosos fora das clientelas e parentelas das classes senhoriais saquaremas. Essa distorção era vista como a principal razão da inoperância e do aviltamento do Estado e do estreitamento da carreira pública.

Também as formas e os espaços da política foram ampliados, com a criação de uma embrionária esfera pública, na linha do que já ocorria nas sociedades europeias e nos Estados Unidos. Novas tecnologias permitiram o barateamento da imprensa e a multiplicação das folhas, panfletos e jornais. Novas formas de ação política e novos espaços de discussão, fora da órbita do Estado, foram paulatinamente sendo abertos. *Meetings*, comícios, banquetes, sociedades, marchas e conferências passaram à ordem do dia e ampliaram a participação política para setores antes não integrados ao debate público e que não tinham expressão eleitoral, como as mulheres e os homens livres que não atingiam o patamar de renda exigido para integrar o corpo de eleitores e elegíveis.

A crítica à ordem saquarema também se estendeu à política externa. Um dos principais eixos do Manifesto Republicano, de 1870, foi reivindicar uma reorientação da identidade brasileira, voltada para a Europa dinástica, para a América republicana: "somos da América e queremos ser americanos". Quintino Bocaiuva e Salvador de Mendonça, redatores da proclamação, advogavam na imprensa e em conferências públicas pela aproximação com os Estados Unidos e com os vizinhos do Prata. A crítica ao consenso saquarema sobre a política externa unia os diferentes grupos da geração de 1870:

> Todos os grupos condenaram o belicismo saquarema, que coibira as rebeliões provinciais dos anos 1840, fizera as guerras da Cisplatina e do Paraguai e mantivera vários contenciosos na América do Sul. A política imperial de intervenção americana, levada a cabo por uma casa dinástica europeia em meio a repúblicas, recebeu crítica radical. Ao contrário dos saquaremas, não admiraram as virtudes de uma nobreza guerreira. Primaram antes, por um

americanismo pacifista, preferindo o arbitramento dos conflitos ao invés da guerra e falando de "solidariedade continental" (liberais republicanos); de "cooperação americana" (novos liberais); de "fraternidade entre os povos" (positivistas abolicionistas). A *política externa* foi vista, assim, não como um veículo de imperialismo, mas como um dos caminhos de inserção do Brasil na civilização moderna – no "concerto das nações". (Alonso, 2002, p.247, grifo no original)

A proclamação da República traduziu-se, de modo imediato, na reversão de políticas e posturas tradicionais da diplomacia saquarema. Em novembro de 1889 ainda estava em curso, em Washington, a Primeira Conferência Pan-Americana, convocada pelo governo estadunidense. O encontro durou de 2 de outubro de 1889 a 19 de abril de 1890 e contava com uma agenda ambiciosa: desde temas políticos, como a arbitragem obrigatória, até a proposta da criação de uma união alfandegária que reuniria todos os países do continente. As instruções para a delegação brasileira, preparadas pela diplomacia imperial, colocavam o Brasil contra todos os objetivos propostos para o encontro. O isolamento brasileiro só seria quebrado pela companhia do Chile que, vencedor da Guerra do Pacífico, não queria ver sua posse das províncias de Tacna e Arica, conquistadas no conflito, sujeitas ao exame e a uma arbitragem retroativa por parte de outros países. Com a queda do Império, a chefia da delegação brasileira passou a Salvador de Mendonça, um dos signatários do Manifesto Republicano, com a autorização para dar um novo "espírito americano" às antigas instruções. Salvador de Mendonça passou a coordenar-se com os anfitriões e com a delegação argentina e conseguiu-se a aprovação do princípio da arbitragem obrigatória, com a abstenção solitária do Chile. A união aduaneira pretendida pelos Estados Unidos foi, no entanto, derrotada pela oposição capitaneada pelos delegados argentinos (Santos, 2004, p.109-29).

Dentro e fora da Conferência, Salvador de Mendonça iniciou uma campanha pelo reconhecimento do novo regime brasileiro, procurando mostrar a República como o resultado de um longo processo, cuja reversão seria impossível. Assim, em jantar na União Comercial Hispano-Americana, em 20 de dezembro de 1889, ele discursou assinalando que:

> A transformação do Império brasileiro em Estados Unidos do Brasil não é mero acidente da vida dos partidos políticos, produto inesperado de um pronunciamento militar: é o resultado lógico da evolução histórica do progresso de uma nacionalidade na estrada ascendente da liberdade e da civilização. (...) A República no Brasil está feita e ninguém a poderá desfazer (apud Azevedo, 1971, p.194).

Terminada a Conferência de Washington, Salvador de Mendonça, feito representante do Brasil junto ao governo estadunidense, buscou, sem sucesso, estabelecer com os Estados Unidos uma "aliança ofensiva e defensiva para a defesa de sua independência, soberania e integridade territorial". No entanto, conseguiu assinar, em 31 de janeiro de 1891, um acordo comercial que dava preferências tarifárias para uma ampla lista de produtos estadunidenses em troca da continuidade da isenção de taxas, que já existia, sobre as exportações brasileiras de café e uma redução nas tarifas sobre a entrada de açúcar e couro no mercado dos Estados Unidos. A vantagem oferecida ao açúcar poderia, na visão de Mendonça, revitalizar essa atividade econômica, já decadente no Nordeste brasileiro, ao encontro dos interesses de importantes grupos oligárquicos. A preferência dada ao açúcar, no entanto, durou pouco. Logo depois, foi anulada pela concessão de preferências ao açúcar antilhano no mercado estadunidense. A eliminação das vantagens dadas ao açúcar foi duramente criticada e o acordo acabou sem efeito, deixando como legado fortes reclamações no Congresso e na imprensa brasileira contra a atuação dos Estados Unidos na questão e também contra o representante brasileiro, Salvador de Mendonça.

No Rio de Janeiro, outro dos signatários do Manifesto de 1870, Quintino Bocaiuva, foi nomeado ministro das Relações Exteriores do governo provisório, permanecendo de 15 de novembro de 1889 a 23 de janeiro de 1891. Como sinal dos novos tempos nas relações com os países americanos, ele assinou com o governo argentino, em 25 de janeiro de 1890, o Tratado de Montevidéu, pelo qual se abandonava o acordo alcançado pela diplomacia imperial para submeter a discussão da posse da região de Palmas a uma arbitragem pelo presidente dos Estados Unidos e procedia à divisão do território entre os dois países. O excesso americanista foi condenado na imprensa e no Parlamento, que rejeitou o acordo. Ao assumir seu mandato como presidente eleito pelo Congresso, Deodoro substituiu Bocaiuva por Justo Leite Chermont.

Da crise à ordem reconstruída

É consensual na historiografia brasileira que nas décadas finais do século XIX e início do século XX a sociedade brasileira passou por uma forte transformação estrutural, decorrente da mudança do padrão de organização do trabalho. Em seu momento inicial, essa mudança traduziu-se em uma ampla crise e não se restringiu à emergência e à acomodação de novos grupos e interesses sociais, mas também à desestruturação e reorganização dos antigos. Do mesmo modo, a queda do regime monárquico abalou as bases de legitimação do Estado brasileiro e abriu espaço para a contestação não só da ordem política, mas da própria forma como se construía a identidade brasileira, que teve de ser reinventada para estabelecer-se, em bases mais modernas, sobre as ideias de nacionalidade e cidadania. A transformação de súditos em cidadãos só podia se dar em uma sociedade já livre da escravidão – ainda que a monarquia em si, pudesse, em tese, ser preservada. A deposição e o exílio forçado do imperador em 15 de novembro de 1889 têm, portanto, um alcance e um significado que em muito transcendem esse simples ato, executado sem resistências e com escassa participação popular. Os agentes imediatos dessa ação, os militares, ganharam um súbito protagonismo, inclusive em vista da imediata desarticulação das estruturas políticas tradicionais. A desorganização, a pouca consistência interna e as contradições que marcavam o amplo movimento de crítica à ordem saquarema eram uma base frágil para a rápida reconstrução do sistema político em termos que pudessem ser aceitos consensualmente.

> No Governo Provisório a única força capaz de exercer o poder político (e repressivo) era o Exército. Enquanto Deodoro simbolizava o Exército e, mais do que isso, a unidade das Forças Armadas, a oposição, tanto a imperial como a dos burgueses agrários republicanos, teve de restringir-se à retórica. (Cardoso, 1989, p.39)

Os dois primeiros governos do período republicano (Deodoro da Fonseca, de 1889 a 1891, e Floriano Peixoto, de 1891 a 1894) foram, portanto, marcados por uma continuada crise e pela entrada do estamento militar no primeiro plano da política, situação que progressivamente realçaria também as dissidências e contradições dentro da própria corporação castrense.

Na formação do gabinete no período do Governo Provisório (1889-1891), Deodoro entregou a Rui Barbosa a chefia do Ministério da Fazenda e este implementou uma audaciosa reforma monetária, para adaptar a economia às novas condições geradas pelo fim da escravidão. Para tanto, Rui promoveu uma forte expansão da base monetária. Após uma curta euforia e um rápido surto de crescimento, esse aumento descontrolado da moeda em circulação transformou-se em uma forte inflação e em especulação generalizada, que desaguou na debacle que levou à demissão de Rui Barbosa em janeiro de 1891 e a uma prolongada crise econômico-financeira, que se estendeu até o governo de Campos Sales.

Com a renúncia de Deodoro, em 1891, assumiu o até então vice-presidente Floriano Peixoto, que governou até 1894 de forma inconstitucional, pois pela letra da recentíssima Constituição deveriam ter sido realizadas novas eleições. As resistências ao governo multiplicaram-se e Floriano atuou com violência contra os descontentes, determinando a prisão e o exílio interno de seus oponentes políticos. Outros, como Rui Barbosa, acabariam por exilar-se no exterior. Em 1893, explodiu no sul do país a Revolução Federalista e na capital começou a Revolta da Armada, com o bloqueio do porto e bombardeios contra o Rio de Janeiro. A crise interna monopolizou as atenções do governo e a já inconsistente política externa passou a concentrar-se quase exclusivamente na busca de apoio contra os revoltosos. A desorganização das estruturas do Estado acentuou-se. No governo Floriano, a chancelaria teve nada menos que oito titulares (Constantino Palleta, Fernando Leite Pereira, Innocêncio Serzedello Corrêa, Antônio Francisco de Paula e Souza, Felisbello de Oliveira Freire, João Felippe Pereira, Carlos Augusto de Carvalho e Alexandre Cassiano do Nascimento) e viveu alguns momentos de verdadeira acefalia. Durante a Revolta da Armada, segundo o relato de Salvador de Mendonça, muitas instruções, sem passar pela chancelaria, vinham do presidente Floriano, com quem o ministro em Washington se correspondeu diretamente em várias ocasiões.

Na verdade, desde o fim da monarquia os mecanismos tradicionais de discussão e negociação interna da política externa tinham sido desestruturados. Tanto o Senado vitalício como o Conselho de Estado, *loci* privilegiados dos debates e da elaboração da política internacional, haviam sido extintos. Este último era de especial importância: dos 72 membros do Terceiro Conselho de Estado (1842-1889), 29 haviam sido ministros dos Negócios Estrangeiros, muitos deles mais de uma vez. As discussões no Conselho de Estado, composto pelos grandes líderes dos dois partidos, conferiam à política externa a aparência e legitimidade de verdadeira política de Estado, para além das visões partidárias. Como assinalou Calógeras:

No Conselho de Estado encontravam-se os autores da política seguida, encanecidos nesse labor, conhecedores de todas as negociações, os guardas dos rumos inicialmente traçados, modificadores prudentes das mesmas normas. A deliberação política sobre as ocorrências supervenientes, sobre as iniciativas a tomar, os problemas a solver, tinha nessa assembleia seus especialistas e seus homens de Estado. A continuidade e a elevação progressiva da política internacional do Brasil ali encontravam seus grandes elementos de ação. Pensamento e prática reunidos. Execução assegurada. (Calógeras *in* CHDD, 2002, p.178-9)

Tampouco a chancelaria em si parecia em condições de responder aos desafios da formulação e execução de políticas minimamente coerentes. Nos anos iniciais da República, o corpo de diplomatas brasileiro, visto como um reduto de simpatizantes da monarquia,[1] passou a ser encarado com grande desconfiança, e as carreiras individuais de seus membros passaram a depender das evidências de entusiasmo republicano, circunstância a que alguns não se submeteram. Outros aderiram ao novo governo, envergonhadamente ou não, com ou sem entusiasmo. Além das conversões e adesões, republicanos históricos, a maioria com pouca experiência prática nas lides diplomáticas, foram designados como chefes de missões no exterior: Salvador de Mendonça (Washington), Francisco Xavier da Cunha (Roma), Ciro de Azevedo (Santiago), Gabriel de Toledo Piza e Almeida (Berlim) e Joaquim Francisco de Assis Brasil (Buenos Aires). Outros foram admitidos nos cargos de adidos ou secretários:

---

1 Sobre isso Malatian (2001, p.101) comenta: "Acusados de passarem seu tempo em estações de vilegiatura e bailes, enquanto o descrédito corroía a imagem da República no exterior, os diplomatas tornaram-se um dos alvos preferidos dos debates da Câmara dos Deputados, nos quais discutia-se a supressão de legações. Discursos parlamentares veiculavam insistentes propostas de redução dos recursos do Ministério das Relações Exteriores, que a comissão de orçamento da Câmara aprovou".

Augusto Cochrane de Alencar, Oscar Reydner do Amaral, Antônio do Nascimento Feitosa, Bruno Gonçalves Chaves, Manuel de Oliveira Lima, Artur Moreira de Castro Lima, Artur Stockler Pinto de Menezes, João Fausto de Aguiar. Em uma carreira que contava com poucas dezenas de membros,[2] o impacto dessas mudanças foi bastante acentuado. No entanto, no Rio de Janeiro, na sede da chancelaria, o velho visconde de Cabo Frio, Joaquim Tomás do Amaral, que havia trabalhado com o visconde do Rio Branco, permaneceu no cargo de diretor-geral, responsável pelo funcionamento da máquina burocrática em meio a uma sucessão de ministros.[3]

Sem poder contar com uma reflexão consistente, a republicanização da política externa se traduziu em um anseio de americanização, executada de forma atabalhoada. Havia uma desconfiança contra as potências europeias, cujo ímpeto imperialista alcançava seu zênite. Existia, por outro lado, um sentimento de identificação com os Estados Unidos. A modernização era vista por muitos como a americanização do Brasil e prosperava um sentimento favorável ao estreitamento dos laços com a potência do norte. Esse desejo encontrava eco nos Estados Unidos, que nas décadas de 1880 e 1890 estavam vivendo um momento de redefinição de sua inserção internacional. A guerra

---

2 Segundo Lins (1996, p.255), na Secretaria de Estado trabalhavam 38 funcionários em 1859, número que estava reduzido a 27 em 1902.

3 A presença de Cabo Frio estendeu-se por muito mais tempo. Ao assumir o cargo de ministro, em 1902, Rio Branco temia sofrer constrangimentos por parte do visconde, que, segundo o próprio Paranhos, "desde alguns anos, antipatiza comigo". O Barão procurou evitar um conflito direto e buscou homenagear Cabo Frio, mas retirou-lhe atribuições ao reforçar o gabinete do ministro em prejuízo do poder da diretoria-geral. Como uma homenagem, que poderia ser entendida como uma sugestão de aposentadoria, Rio Branco inaugurou, em 16 de agosto de 1903, um busto do visconde de Cabo Frio, que na ocasião já contava com 85 anos de idade e estava há 38 anos no cargo de diretor-geral. Ainda assim, Cabo Frio permaneceu por outros quatro anos no cargo que só deixou em 1907, quando faleceu.

contra a Espanha (1898) produziu a independência formal de Cuba, mas transformada em um quase protetorado, oficializado pela Emenda Platt. Guam, Porto Rico e as Filipinas foram cedidos pela Espanha aos Estados Unidos. A expansão estadunidense nessas décadas diferenciava-se do padrão que vinha seguindo até então. Antes, os territórios conquistados eram progressivamente incorporados à União, transformando-se em novos estados, como aconteceu, por exemplo, com o Texas e a Califórnia. O pequeno núcleo original das Treze Colônias tinha, assim, se expandido até alcançar o Oceano Pacífico. No auge da "Era dos Impérios", o expansionismo dos Estados Unidos assumiu uma feição mais coerente com os novos tempos. Depois da guerra contra a Espanha, as novas áreas sob influência política – e mesmo sob eventual ocupação militar – não mais teriam a oportunidade de se incorporar plenamente aos Estados Unidos, exceção feita ao caso do Havaí que, invadido em 1898, tornou-se território estadunidense em 1900, e somente 59 anos depois foi transformado no quinquagésimo estado da federação. Mais ainda, ao contrário das potências europeias, o imperialismo estadunidense só marginalmente (e com resultados ambíguos, como se viu nas Filipinas) assumiu a tarefa de administrar diretamente territórios estrangeiros. De todo modo, a imposição do livre comércio, a garantia dos investimentos estadunidenses e, quando necessário, intervenções armadas transformaram a área em torno do Mar do Caribe, inclusive ao norte da América do Sul, em um grande "lago americano", ainda que a independência nominal dos países centro-americanos e caribenhos fosse mantida. Em face da competição interimperialista, a Doutrina Monroe foi reafirmada. O pan-americanismo transformou-se no correspondente diplomático dessa nova realidade, vestindo os interesses econômicos e políticos estadunidenses em um discurso de solidariedade continental. De acordo com essa narrativa, as Américas, o hemisfério ocidental liderado pelos Estados Unidos, se distinguiriam do restante do planeta pela natureza pacífica de suas relações e pela identidade de regimes políticos. O fim da monarquia brasileira ajustou-se perfeitamente a essa visão.

Durante a Revolta da Armada as contradições e falências da política externa republicana e o interesse dos Estados Unidos na manutenção do novo regime brasileiro ficariam claros. A rebelião durou de setembro de 1893 a março de 1894, período que acabou tendo especial importância nas relações entre o Brasil e os Estados Unidos. No Brasil, os revoltosos foram apresentados como essencialmente monarquistas, num esforço de unir as várias facções republicanas no apoio ao governo (Arias Neto, 2006). No plano internacional, esse discurso favorecia a ideia de uma aliança com os Estados Unidos, em vista da associação dos monarquistas, real ou imaginária, com as potências europeias e dos republicanos com os Estados Unidos, em um momento em que a Doutrina Monroe era revivida. No entanto, uma certa dose de cautela guiava o governo estadunidense pela lembrança do mau resultado do envolvimento em uma situação similar ocorrida no Chile, em 1891, quando o Congresso, apoiado por uma revolta da Armada e de parte do Exército, destituiu o presidente Balmaceda. Naquela ocasião, os Estados Unidos tomaram o partido de Balmaceda e esse apoio resultou em um grande desprestígio com as autoridades golpistas, depois vitoriosas.

Iniciada a revolta no Rio de Janeiro, o ministro brasileiro em Washington, Salvador de Mendonça, passou imediatamente a buscar que o secretário de Estado, Walter Gresham, tornasse explícito seu "apoio moral" ao governo de Floriano.[4] Tentou, ainda, comprar apressadamente uma nova esquadra, que pudesse se contrapor aos revoltosos e acabar com o bloqueio

---

4 Salvador de Mendonça resumiu seu trabalho junto ao governo estadunidense durante a Revolta da Armada em um longo ofício, confidencial, datado de 23 de dezembro de 1894, reproduzido em Azevedo, 1971, p.269-76.

do principal porto e capital do Brasil. Gresham explicou que a venda de navios de guerra pelo governo estadunidense não seria possível, pois necessitaria da autorização do Congresso. Assim, para compor uma esquadra legalista, compraram-se navios das mãos de particulares nos Estados Unidos e Europa. Esses esforços foram feitos de maneira lenta e desordenada, e a frota resultante ficou muito aquém do desejado.

Ao longo das tratativas com o governo estadunidense, Salvador de Mendonça procurou evitar que os rebeldes fossem reconhecidos como beligerantes pelos Estados Unidos e que este usasse sua influência para evitar que os países europeus o fizessem, pois a condição de beligerante faria com que o dever de neutralidade impedisse a venda de armamentos e outros insumos ao governo de Floriano. Em consonância com a suspeita de que os europeus apoiavam veladamente os insurgentes para promover o retorno à monarquia, Mendonça recusou a hipótese de uma intervenção conjunta dos navios estadunidenses e europeus contra a esquadra insurgente, pois "as nações da Europa, representadas por forças superiores à dos Estados Unidos, bem podiam influir para que a solução do conflito fosse, em vez da manutenção da República, uma restauração monárquica" (apud Azevedo, 1971, p.270).

O discurso identificando uma possível restauração monárquica com os interesses europeus era partilhado pelos Estados Unidos, por isso o secretário de Estado, Gresham, em determinado momento, teria considerado emitir uma nota circular para as Cortes europeias "declarando que qualquer intervenção nas lutas domésticas do Brasil seria pelo governo dos Estados Unidos considerada como uma violação da doutrina de Monroe" (apud Azevedo, 1971, p.270). A rebelião prolongava-se pela incapacidade do governo Floriano em conseguir armar uma esquadra legalista. Por terra, a Revolução Federalista alastrava-se pelos estados do sul do país. Os dois movimentos insurgentes pareciam unir-se contra Floriano. Quando o apoio de Washington pareceu fraquejar em vista da percepção de uma possível vitória dos revoltosos, o tom francamente monarquista do manifesto do almirante Saldanha da Gama,[5] que aderiu à Revolta em fins de 1893, pode ter influído no ânimo do governo estadunidense. Em todo caso, dias após a divulgação do manifesto, Salvador de Mendonça entrevistou-se mais uma vez com o secretário de Estado e, segundo sua descrição desse encontro, ele teria convencido Gresham a instruir os navios estadunidenses a romper o bloqueio que os revoltosos faziam à capital brasileira, o que de fato ocorreu posteriormente, em janeiro de 1894. Desmoralizada pela intervenção estrangeira, a Revolta da Armada se desarticulou. Em 13 de março, Saldanha da Gama e outros 525 asilados embarcaram em navios portugueses para refugiar-se na Europa. O asilo, e outros incidentes com os navios portugueses na Baía da Guanabara, levaram Floriano a romper as relações diplomáticas entre Brasil e Portugal e davam argumentos aos que queriam associar os europeus com o desejo de restauração da monarquia no Brasil.

A derrota da Armada revoltosa veio nos momentos finais do mandato para o qual Floriano havia sido eleito como vice-presidente. O fim da Revolução Federalista e a pacificação só seriam conseguidos depois. No entanto, as dissensões entre os militares haviam enfraquecido a corporação e não haveria apoio para um golpe continuísta por parte de Floriano Peixoto.

Em 1º de março foram realizadas eleições (com exceção do Paraná, Santa Catarina e Rio Grande do Sul), com a vitória de Prudente de Moraes. Diante do clima de incertezas, Floriano não opôs resistências à posse do primeiro presidente civil, em 15 de novembro de 1894. Prudente de Moraes já representava claramente a burguesia agroexportadora, que finalmente começava a

---

5 O Manifesto, de 7 dez. 1893, aconselhava a "vontade nacional" a escolher as formas das instituições que deveriam governar o Brasil, deixando entreaberta a possibilidade de restauração da monarquia.

consolidar uma nova ordem sobre os escombros das instituições monárquicas. O poder escapava às mãos dos militares, ainda que estes tivessem tido apoio político e financeiro das elites paulistas que se organizaram em torno do Partido Republicano Paulista. A partir da presidência de Prudente de Moraes, as oligarquias regionais passaram a dominar o poder central já sem a intermediação dos militares.

A Revolução Federalista tinha se estendido desde o Rio Grande do Sul aos três estados do sul do país, tendo sido ocupada Curitiba em janeiro de 1894. Os revolucionários, a caminho do Rio de Janeiro para tomar a capital, acabariam por chegar próximos à fronteira de São Paulo, em Itararé, que foi guarnecida para uma batalha que acabou por não acontecer. Mas, a partir daí, começou o recuo das forças federalistas e, em maio, o Paraná foi recuperado pelas tropas legalistas que, em abril, ocuparam a capital dos revoltosos, Desterro. Essa cidade posteriormente foi rebatizada como Florianópolis em homenagem ao marechal.

***

Nascido em 1845, José Maria da Silva Paranhos Júnior foi testemunha privilegiada dos anos de auge da ordem saquarema. Filho de um dos mais importantes líderes dos conservadores, desde cedo o futuro Barão viveu intensamente a política e a diplomacia do Segundo Reinado. Seu pai, o visconde do Rio Branco (1819-1880), após iniciar sua vida política nas hostes liberais, ingressou no Partido Conservador e participou como secretário da missão do visconde do Paraná, Honório Hermeto Carneiro Leão, ao Rio da Prata (outubro de 1851 a maio de 1852), na esteira da derrota de Rosas.[6] Em reconhecimento a seu bom desempenho nessa tarefa, em abril de 1852, Paranhos, então com 33 anos, foi nomeado representante do Brasil

---

6 A documentação referente a essa missão está publicada em CHDD, 2001.

em Montevidéu. Pouco depois, ao visconde do Paraná coube, no Rio de Janeiro, a chefia do gabinete, e Paranhos tornou-se ministro da Marinha (de 1854 a 1855) e ministro dos Negócios Estrangeiros (1855-1857), acumulando as duas pastas entre 1856 e 1857. Nesse mesmo ano, foi encarregado de uma nova missão ao Prata. Em seguida, retornou ao ministério outra vez como ministro dos Negócios Estrangeiros (1858-1859) e, depois, ministro da Fazenda (1861-1862). Em 1862, foi escolhido senador vitalício, representando a província do Mato Grosso. Entre 1868 e 1870 foi, outra vez, ministro de Negócios Estrangeiros e, nessa qualidade, nos anos de 1869 e 1870, voltou ao Rio da Prata para reorganizar o governo paraguaio durante a ocupação do país. O ponto culminante de sua vida política foi, no entanto, a chefia do gabinete conservador, de 1871 a 1875, que representou um importante esforço de reforma e atualização da ordem saquarema, com medidas de impacto, dentre as quais a Lei do Ventre Livre.

A simples enumeração das funções exercidas pelo visconde ao longo de sua vida pública certamente impressiona, mas não chega a dar toda a dimensão de sua enorme influência. Como deputado e senador, além de grande articulador político, foi um orador cujo brilhantismo deixou em ninguém menos que Machado de Assis "uma das mais fundas impressões (...) da eloquência parlamentar". Foi grão-mestre de uma das principais Lojas Maçônicas da capital e, jornalista no início de sua carreira política, conservou influência na imprensa carioca. Sua atuação diplomática foi igualmente importante: chefiou o Ministério dos Negócios Estrangeiros por três ocasiões[7] e participou de quatro missões diplomáticas no Prata (1851/1852, 1857, 1864 e 1869/1870).

---

7 Na verdade quatro, se contado o pouco mais de um mês em que exerceu o cargo entre março e abril de 1861.

Juca Paranhos acompanhou o pai em algumas de suas tarefas diplomáticas. Quando o futuro visconde foi chefe da representação diplomática brasileira em Montevidéu, de 1852 ao início de 1854, Juca, ainda criança, morou na capital uruguaia. Na missão de 1869, acompanhou seu pai como secretário particular, e de outubro de 1870 até março de 1871 foi mais uma vez secretário da missão chefiada por seu genitor, desta vez já em caráter oficial.

Depois de se formar em direito, fazendo parte do curso em São Paulo e outra em Recife, prática comum na época, Paranhos Júnior fez, em 1867, uma viagem de alguns meses à Europa. Na volta, conseguiu um cargo de professor interino no colégio Pedro II e, depois, de promotor, na cidade de Friburgo. Mas, em junho de 1868, o Partido Conservador voltou ao poder, depois de uma longa série de gabinetes liberais que vinha desde 1862. Com o retorno dos saquaremas ao ministério, e seu pai nomeado chanceler mais uma vez, teve início a carreira política de Paranhos Júnior, como deputado pela província do Mato Grosso, da qual o visconde era senador. Não foi necessário sair do Rio de Janeiro para fazer campanha em uma província que ele nunca havia visitado. Ele encarou com ironia essa eleição: "Veremos agora se a província de Mato Grosso quererá ter a honra de eleger-me", disse a um amigo (apud Viana Filho, 2008, p.47-8). Com o patrocínio de seu pai, foi eleito, mas exerceu seu mandato sem brilho. Nesse momento, inclusive, acompanhou o visconde nas missões ao Prata, no contexto do fim da Guerra do Paraguai, sua primeira tarefa na vida diplomática. A aliança com a Argentina ameaçava transformar-se em conflito armado entre os antigos aliados e a política da região voltou a ser marcada pela rivalidade entre o Império, que começava sua curva descendente, e a Argentina, que se fortalecia, beneficiada pela unidade política finalmente consolidada e por uma demanda crescente no mercado internacional para seus principais produtos de exportação: carne e trigo.

Em março de 1871, o visconde do Rio Branco atingiria o ponto máximo de sua carreira política. O imperador nomeou-o presidente do Conselho de Ministros, ou seja, primeiro-ministro, cargo que exerceu até meados de 1875. Com o novo gabinete foram realizadas novas eleições e Juca Paranhos foi outra vez eleito deputado por Mato Grosso. Dessa vez, inclusive, deu-se ao trabalho de visitar a província durante a campanha eleitoral e cortejar seu colégio eleitoral de 138 eleitores. O gabinete de Paranhos reuniu jovens políticos conservadores, como João Alfredo Correa de Oliveira, que havia sido companheiro de Juca Paranhos na legislatura anterior da Câmara dos Deputados. O visconde empenhou-se em um amplo programa de reformas, que foi combatido por alas do próprio Partido Conservador ao apropriar-se de muitas das propostas de reformas dos liberais. Essas mudanças devem ser entendidas como uma tentativa de salvar a ordem saquarema, que já dava claros sinais de abalo, mas elas se revelariam insuficientes.

Essa primeira metade da década de 1870 marcou o início da contestação aberta das instituições do Império. Os dois Rio Branco, pai e filho, viveram esse momento associados na tentativa de reforma conservadora da ordem saquarema, liderada pelo visconde. Assim, Paranhos filho, ainda que de certa forma em um campo oposto, foi partícipe das discussões promovidas pela chamada "geração de 1870". Mais do que em sua apagada atuação parlamentar, Juca Paranhos envolveu-se nesse debate a partir da imprensa. Com Gusmão Lobo, assumiu as rédeas do jornal dos conservadores, *A Nação*, em cujas páginas dedicou-se a defender as políticas do gabinete.

Não se pode, no entanto, incluir Paranhos Júnior no movimento da geração de 1870, pois era, afinal de contas, filho do então político mais importante do Partido Conservador e nem de longe um contestador da ordem e das instituições do Império, ainda que tenha estado envolvido na tentativa liderada pelo visconde do Rio Branco de reformar essa ordem. De fato, os limites de suas críticas às instituições eram claramente circunscritos pelo âmbito das reformas propostas por seu pai. Pessoalmente contrário à escravidão desde estudante, preferia a tese da abolição progressiva, traduzida pelo visconde na Lei do Ventre Livre.[8] De seu monarquismo não havia dúvidas, mas importantes membros do movimento de 1870, como Joaquim Nabuco, eram igualmente monarquistas. Nabuco, no entanto, pertencia ao Partido Liberal e pautou sua atuação política pelo abolicionismo.

Em termos estritamente geracionais, Juca Paranhos certamente se enquadra na geração de 1870 e, inclusive, conviveu intensamente com muitos de seus expoentes, como o próprio Nabuco, Rui Barbosa, Assis Brasil e outros (ainda que não tanto nos anos 1870 e 1880, os quais passou, em grande parte, fora do Brasil). Mas, como lembra Alonso (2002), o que unia os membros desse movimento era a experiência de marginalização política na ordem imperial. Uma marginalização relativa, lembre-se, pois uma elite letrada em uma sociedade tão atrasada sempre estava muito acima da massa da população em termos políticos e econômicos. No entanto, o fato é que a ordem

---

8 Inclusive depois da Lei Áurea, de 1888, Rio Branco seguiu fiel a sua preferência pela abolição progressiva. Lins (1996, p.155-6) comenta: "Abolicionista ele o era com certeza, desde os tempos acadêmicos, desde a época do gabinete de 7 de março, como colaborador do pai, mas achava que fora incompleta e precipitada a solução do problema nos termos lacônicos da Lei de 13 de maio [de 1888]. Ao seu temperamento conservador as mudanças radicais pareciam sempre germes de reação ou revolução, e por isso julgava mais sábia a Lei de 28 de setembro [de 1871], pelo que continha de prudência e objetividade. Por que não se fala, em toda essa campanha de princípio de [18]88, no problema da indenização dos proprietários? Que providências vai tomar o Estado para fazer a integração dos escravos na sociedade livre pela educação e pelo trabalho? Era o que ele indagava ao pensar que o direito da escravidão era um direito imoral, mas contudo em vigência na legislação brasileira. *A Lei de 13 de maio tomou assim aos seus olhos o caráter de medida generosa e nobre, sob o ponto de vista humano, mas de erro sob o ponto de vista social e político*" (grifo do autor).

saquarema reservava os postos mais altos para um pequeno grupo oriundo dos estamentos senhoriais, e o filho do poderoso visconde parecia destinado a repetir os passos de seu pai nos altos escalões das instituições do Império. Nesse sentido, portanto, seria difícil enquadrá-lo no movimento da geração de 1870 tendo como critério a contestação da ordem saquarema. Mais exatamente, Paranhos poderia ser considerado como uma espécie de representante da "antigeração de 1870".

Porém, ainda que já eleito deputado duas vezes e privando do círculo de amizades e de compadrio de seu pai, a experiência de relativa marginalização alcançaria Paranhos Júnior por uma via curiosa: o moralismo da Corte carioca. A boêmia e as aventuras amorosas de Juca o levaram a conhecer, em 1872, Marie Philomène Stevens, uma jovem artista belga que trabalhava nos cafés-concertos da noite boêmia da capital brasileira. Marie apresentava-se no *Alcazar Lyrique do Père Arnaud*, na antiga rua da Vala, hoje rua Uruguaiana. Notória, a casa de espetáculos era conhecida pela boêmia de então simplesmente como o "Alcazar". A crônica registra que Marie executava "números ligeiros, alguns de *pose plastique*, muito aplaudidos" (apud Viana Filho, 2008, p.77). A relação de Paranhos filho com a belga certamente não agradou ao poderoso visconde, que fez com que a artista voltasse à Europa. No entanto, em 20 de fevereiro de 1873 nasceu, em Paris, Raul, que viria a ser o primogênito da relação amorosa de Paranhos Júnior com Marie Stevens.

Marie, que voltaria ao Rio de Janeiro com seu filho Raul, foi instalada por Juca Paranhos em uma casa na praia do Cajueiro. A relação foi mantida, mas sem que se oficializasse pelo casamento. O matrimônio com uma artista conhecida do público dos cabarés cariocas seria certamente chocante para os padrões da época. Mas igualmente escandalosa era a situação de concubinato fora do casamento. O desconforto não terá diminuído com o nascimento do segundo filho de Juca e Marie, em maio de 1875, agora uma menina: Marie Clotilde. Se a vida familiar dos

Paranhos tinha problemas, a sorte política do patriarca também sofria seus reveses. No mundo político, a questão religiosa e a falência de Mauá precipitaram a queda do gabinete logo após o nascimento de Marie Clotilde, e o visconde deixou a presidência do Conselho de Ministros. Para benefício de Juca, o gabinete foi assumido por outro conservador e amigo dos Paranhos: Luis Alves de Lima e Silva, o duque de Caxias.

A carreira política do visconde terminava (ainda que seu prestígio se mantivesse até sua morte) e a do filho não parecia ter grandes perspectivas em vista da situação de sua vida privada e de sua pouca vocação para a atividade parlamentar. A saída encontrada foi buscar um emprego na diplomacia. O alvo ambicionado foi o Consulado em Liverpool, que estava vago devido à morte recente de seu antigo titular. A posição consular acabou preferida em relação a um cargo diplomático por algumas razões. Primeira, e talvez a mais importante: era mais bem remunerada do que as funções diplomáticas, porque os cônsules recebiam uma porcentagem das rendas de seus consulados, e o de Liverpool, de grande movimento de embarque e desembarque de navios para e do Brasil, seria especialmente rendoso. Segunda: em vista das resistências do imperador, dificilmente lhe seria atribuída a chefia de uma representação diplomática e Paranhos teria de se contentar com a função de secretário ou adido. Terceira: a função consular o dispensaria das atividades sociais de representação, que além de dispendiosas trariam a primeiro plano sua desconfortável situação com Marie.

Ainda que com o empenho do pai e também do novo presidente do Conselho de Ministros, Caxias – que o tratava por "meu Juca" –, a nomeação de Paranhos Júnior foi difícil, pois o imperador, cioso dos padrões morais da Corte, resistia. O impasse durou quase um ano, período em que Marie engravidou pela terceira vez. A nomeação só foi arrancada durante uma ausência de Pedro II, quando a regente, princesa Isabel, foi confrontada pela ameaça de Caxias de demitir-se da chefia do gabinete se não lhe fosse concedida a nomeação do filho do visconde.[9] Juca Paranhos sentia-se perseguido pelo imperador. Em carta de 1876, em que pedia apoio também ao chanceler, barão de Cotegipe, ele diria:

> Sei que o imperador há de objetar: ele me tem contrariado sempre. Entendeu que eu não devia ser deputado em 1868, quando tive a infeliz ideia de querer sê-lo, por supor que isso me facilitasse os projetos que já então formava, de entrar para a carreira diplomática. Opôs-se a que acompanhasse meu pai, como secretário, em 1869, quando antes o conselheiro Otaviano pôde obter essa nomeação para um seu parente, e quando, ainda hoje, o visconde de Itajubá pôde ter junto a si um filho. (Apud Lins, 1996, p.92)

A princesa Isabel cedeu aos apelos de Caxias e Cotegipe. Paranhos foi, finalmente, nomeado para o almejado Consulado. Conseguido o posto no exterior, Juca Paranhos continuou a lutar com sua vida privada. Marie, com dois filhos e grávida do terceiro, iria para Paris. Ele, no entanto, havia começado um flerte com Maria Bernardina, filha do visconde de Tocantins, um irmão de Caxias. Um casamento com a então adolescente Bernardina uniria duas das mais importantes famílias do Segundo Reinado e, certamente, restabeleceria sua posição social, mas representaria o afastamento definitivo de Marie e dos filhos. A possibilidade de perder contato com os filhos fez Paranhos decidir manter as coisas no pé em que estavam, e o flerte com Bernardina ficou apenas nisso. Em 1876, ele partiu para a Europa, onde ficaria por 26 anos. Quanto à sobrinha de Caxias, em uma carta a um amigo ele resumiu:

---

9 Em *A tormentosa nomeação do jovem Rio Branco para o Itamaraty* (2010), o embaixador Vasco Mariz faz uma deliciosa resenha desse episódio.

faria quanto estivesse em mim para me desembaraçar de certas dificuldades, e, *se estivesse livre de agir segundo meu coração e meu entendimento, se pudesse casar-me*, enfim, não seria senão com a nossa encantadora amiguinha (apud Viana Filho, 2008, p.110, grifos no original).

Na Europa, afastado da Corte carioca, Paranhos dividiu seu tempo entre Liverpool, Londres e Paris. A bem da verdade, não descuidou do trabalho em Liverpool, mas organizou o funcionamento do Consulado de modo a permitir-lhe longas ausências, muitas delas sem a devida autorização funcional. O barão de Penedo, ministro em Londres e seu chefe imediato, era um velho amigo de seu pai e lhe facilitava as saídas de seu posto. Dedicou-se aos estudos, buscando documentos de interesse para os trabalhos que pretendia escrever sobre história militar e diplomática do Brasil. Manteve aceso seu interesse por essas questões e, em especial, tinha viva a memória das negociações de seu pai no Prata, em que atuou como secretário. Assim, por exemplo, em 1882, escreveu ao barão Homem de Melo sobre a fronteira ainda indefinida com a Argentina:

> Fico muito inquieto com nosso negócio de Missões, porque se os argentinos aproveitarem a ocasião teremos de passar por grandes vergonhas. Não temos esquadra, não temos torpedos, não temos exército, e os argentinos têm tudo isso. Pela primeira vez, desde que o Império existe, achamo-nos assim à mercê dos nossos vizinhos, e em tempo em que os elementos de guerra não podem ser improvisados em meses ou em semanas. (Apud Viana Filho, 2008, p.139)

De longe, manteve uma ativa correspondência com seus amigos no Brasil e no exterior. Trocou cartas e informações com os amigos Gusmão Lobo e Rodolfo Dantas, com Capistrano de Abreu, com Raul Pompéia, com o então jovem jornalista e historiador Oliveira Lima, e muitos outros. Mas, suas visitas ao Rio de Janeiro resumiram-se às necessárias para resolver questões de família, como a morte de seu pai, em 1880. O visconde, aliás, havia visitado o filho na Europa em 1879, mas sem encontrar-se com os netos. Em 1887, às voltas com mais uma crise familiar, foi ao Rio de Janeiro outra vez e aproveitou-se da ida do imperador à Europa para tratamento de saúde para voltar no mesmo navio em que viajava Sua Majestade. Paranhos tratava de aproximar-se de D. Pedro, já passada mais de uma década da resistência a sua nomeação para Liverpool. O esforço teve sucesso. A partir daí, passou a se corresponder com frequência com o velho imperador.

Na Europa, manteve-se muito próximo a Nabuco no tempo em que este esteve na legação em Londres. Em Paris, tornou-se íntimo de Eduardo Prado, bastante mais jovem que ele. Paranhos viveu uma década de quase ostracismo desde que saiu do Rio de Janeiro em 1876, mas em 1888, a situação lhe parecia cada vez mais favorável. João Alfredo Correa de Oliveira, um dos principais auxiliares de seu pai, ministro do Império no gabinete de 1871-1875, foi nomeado presidente do Conselho de Ministros. Vencidas as resistências do imperador e novamente íntimo do chefe do gabinete, muitas opções se abriam. Foi durante a gestão de Correa de Oliveira que a princesa Isabel assinou a Lei Áurea. Como homenagem ao antigo chefe, responsável pela Lei do Ventre Livre, Correa de Oliveira conseguiu da princesa o título de Barão do Rio Branco para Paranhos Júnior.

Ao círculo íntimo do recém-agraciado Barão do Rio Branco em Paris veio, por essa época, juntar-se Domício da Gama, que posteriormente se tornaria um de seus principais colaboradores – mas, ressalte-se, sem ameaçar a primazia da amizade de Paranhos com Eduardo Prado. O próprio Domício diria: "O Prado e o Barão eram inseparáveis. Dia e noite juntos. Nunca vi duas pessoas se entenderem melhor" (apud Viana Filho, 2008, p.166). No ocaso do Império, Rio Branco vivia, por fim, a expectativa de sair da marginalização que a relação com a mãe de seus filhos o havia colocado. Talvez por isso mesmo, em setembro de 1889, pouco mais de 16 anos depois do nascimento de Raul, o primogênito, e então já mãe de cinco filhos, Marie Philomène Stevens tornou-se a baronesa de Rio Branco, casando-se finalmente com Paranhos Júnior em uma cerimônia íntima realizada em Londres. Perto de sua morte, dez anos depois, Marie deixou registrada uma amarga avaliação de sua relação conjugal: "eu paguei muito caro por meu título de baronesa".

Também do ponto de vista intelectual, os anos derradeiros da monarquia foram intensos para Paranhos. O imperador havia chegado a receber a extrema-unção no início de 1888, em sua viagem à Europa para tratamento de saúde, mas recuperou-se e voltou ao Brasil. De todo modo, não escapava a ninguém a possibilidade de que não resistisse a nova crise. A continuidade da monarquia dependia, portanto, do carisma de uma princesa casada com um estrangeiro, a quem se quis popularizar no comando das tropas na Guerra do Paraguai, depois de a guerra já ter sido declarada terminada por Caxias. O Jubileu do reinado de D. Pedro, em 1890, seria, portanto, uma grande ocasião para celebrar o imperador e mostrar à população as virtudes da monarquia, do velho imperador, da jovem princesa e, se possível, até de seu príncipe consorte.

Paranhos, um fervoroso monarquista, participou com empenho nesse esforço para combater o progressivo descrédito da monarquia, em um momento em que sua situação pessoal junto ao regime mostrava-se especialmente promissora. Dessa forma, ele aceitou prontamente a oferta de Émile Levasseur para colaborar na elaboração do verbete relativo ao Brasil na *Grande Encyclopédie*. Além de Rio Branco, também participaram da obra o visconde de Ourém,[10] Eduardo Prado, Henri Gorceix, Paul Maury, E. Trousserat e Zaborowski. O trabalho também

---

10 José Carlos de Almeida Areias (1825-1892).

foi publicado em uma separata, sob o título de *Le Brésil*, sob os auspícios da Comissão Franco-Brasileira para a Exposição Universal de Paris de 1889. Essa edição se esgotou antes mesmo do encerramento da exposição e uma nova edição foi impressa. Nesse esforço, Rio Branco, segundo a apresentação de Levasseur à primeira edição da separata (Levasseur, 2001, p.10):

> não é somente o autor dos capítulos sobre a história, a imprensa, as belas-artes e da maior parte do capítulo de antropologia, mas pelas pesquisas de erudição a que se dedicou, com numerosas notas que redigiu, e pela correção que fez, diversas vezes, nas provas, tem uma grande participação também na composição de toda esta obra.

Também para a Exposição Universal de Paris, a Comissão Franco-Brasileira preparou a publicação do livro *Le Brésil em 1889*, coordenado pelo jornalista e historiador Frederico José de Santana Nery,[11] para o qual Rio Branco escreveu o capítulo sobre a história do Brasil, que acabou sendo publicado também em separata sob o título *Esquisse de l'Histoire du Brésil*. Da obra de Santana Nery participaram também, além de Paranhos e do próprio Santana Nery, vários outros autores: Ladislau Neto, MacDowell, Leitão da Cunha, Eduardo Prado, Ferreira de Araújo, Corceix, Fávila Nunes e o barão de Tefé.

O *Esboço da História do Brasil* foi, segundo Rio Branco, preparado em pouco mais de quinze dias. A despeito da extensão razoável do trabalho e de sua grande qualidade, é bastante plausível que a redação do trabalho tenha sido feita em espaço tão curto de tempo. O Barão tinha por método dedicar-se a extensas e aparentemente desordenadas pesquisas, preparar notas dispersas sobre os temas mais variados e deixar a redação final de seus textos para perto do prazo final, um pouco à maneira dos jornalistas espremidos pela pressão do prazo de fechamento de

---

11 Barão de Santa Anna Néry (1848-1901).

uma edição. Assim seria também, depois, com as defesas que preparou para as duas arbitragens em que foi o advogado brasileiro. Ademais, o *Esboço* aproveita generosamente as ideias e mesmo trechos inteiros do capítulo sobre história do Brasil da *Grande Encyclopédie*. Ainda assim, ressalte-se, o *Esboço* ampliou e detalhou a pesquisa feita para a *Enciclopédia*.

Um caso bastante distinto foi, no entanto, o do livro *Dom Pedro II, Imperador do Brasil*, a biografia de D. Pedro II assinada por Benjamin Mossé, Grande Rabino de Avignon. O livro foi encomendado a Mossé pelo camarista do imperador, conde de Nioac. O rabino era então um escritor de algum renome na França, o que facilitaria a divulgação e daria maior credibilidade à obra. Uma boa biografia, publicada em francês, a língua internacional de então, seria um meio inestimável de divulgação da monarquia brasileira no exterior e certamente também repercutiria favoravelmente no Brasil. A dificuldade imposta pelo pouco conhecimento que Mossé tinha do Brasil e de seu biografado foi contornada por Nioac, com a solicitação a Rio Branco de que "auxiliasse" Mossé na redação do livro. A qualidade e o detalhamento das informações, especialmente as relativas aos temas diplomáticos e militares, deixam claro que Paranhos foi "o verdadeiro autor desse livro", fato reconhecido pelo próprio Mossé.[12]

Com alguma malícia, Viana Filho comenta que a parceria se desenvolveu em "perfeito entendimento, pois, enquanto um se preocupava com os proventos que devia perceber, o outro se comprazia em divulgar as próprias ideias" (Viana Filho, 2008, p.169).[13] O Barão, em correspondência pessoal, deixou bem

---

12 Em carta de Mossé a Rio Branco, cujo original está preservado no Arquivo Histórico do Itamaraty (Coleção do Barão do Rio Branco: Lata 831, maço 2, pasta 21), pode-se ler: "vous constituent le véritable auteur de ce libre".

13 Mossé, ademais, esperava ganhar pontos "junto das principais autoridades do judaísmo francês" (Viana Filho, 2008, p.173), pois D. Pedro II dedicava-se aos estudos judaicos e, inclusive, dominava o hebraico, sendo, portanto,

claro o grau de liberdade que teve na preparação desse texto. Ao referir-se a Mossé, ele esclarece que "O homem é pois um testa de ferro de que me servi para dizer à nossa gente o que penso com mais liberdade, e não ficar com a fama de incensador de poderosos" (Viana Filho, 2008, p.169).

Aparentemente dirigido ao público francês, o livro era um instrumento de Rio Branco para influir no debate interno no Brasil. Servia para fortalecer sua posição pessoal (e de seus amigos) junto ao imperador e à monarquia, mas também para publicitar suas ideias políticas. Ao longo do texto, o Barão, sob o escudo da assinatura do rabino, faz diversas referências a si e a seus amigos íntimos (como Eduardo Prado, Joaquim Nabuco e até mesmo o jovem Domício da Gama), e, naturalmente, também não deixou de aproveitar a ocasião para destacar a figura de seu pai e realçar a Lei do Ventre Livre, aprovada durante o gabinete chefiado pelo visconde do Rio Branco.

Projetando no passado um debate que era crucial no momento em que escrevia, Rio Branco deu, no texto atribuído a Mossé, grande ênfase ao "bom senso" demonstrado ao não terem as reformas descentralizadoras consubstanciadas no Ato Adicional permitido a eleição dos presidentes das províncias, que continuaram a ser indicados pelo Rio de Janeiro. A importância do tema se reflete não só no fato de estar discutido nos três textos de 1889. No *D. Pedro II*, há uma extensa nota de rodapé,[14] em

---

de ser destacar o caso de um soberano católico que se mostrava tão aberto e tolerante.

14 Mossé, 1890, p.54-6, n.7. A transcrição da nota na versão em português de 1890 está truncada. O texto foi restabelecido com base na versão francesa de 1889:

"Em *Le Brésil* (monografia já citada) lemos com prazer a passagem seguinte do capítulo *Histoire,* com a assinatura do Barão do Rio Branco e de E. Levasseur: 'Para satisfazer aos liberais monarquistas, partidários da autonomia provincial, foram votadas, em 1834, reformas constitucionais (Ato Adicional). Os federalistas pediram então que os presidentes de províncias fossem eletivos ou escolhidos pelo governo central mediante listas apresentadas

que ele expressa, sem rodeios, e atribuindo diretamente a si, e não a Mossé, sua opinião sobre essa questão, um tema candente em 1889. Ademais de recorrer, mais uma vez, ao contraste com um "outro" indesejável, as repúblicas hispano-americanas, e de reforçar seu argumento com a citação de Levasseur (quando na verdade está citando palavras suas), o texto traz uma clara proposta de reforma interna de um tema de crucial importância na voz do próprio Rio Branco, algo que é bastante incomum

pelas assembleias provinciais. Mas a maioria teve o bom senso de repelir (12 de julho) as propostas que quebrariam a unidade nacional e se tornariam a causa de lutas semelhantes àquelas que têm entravado o progresso de muitos estados hispano-americanos'.

Exprimimos ao Barão do Rio Branco o desejo de conhecer sua opinião sobre esta questão de autonomia provincial. A seleção de cadeiras feitas a partir de listas apresentadas pelas províncias, nos disse o Sr. Rio Branco, tem ainda mais inconvenientes do que a eleição desses funcionários. Primeiro, a lista pode ser composta por nomes que não merecem a confiança do governo central. Em segundo lugar, aqueles que não são nomeados, muito provavelmente, se tornarão adversários e desafetos da autoridade central nas províncias, com grande prejuízo para a unidade nacional. Os presidentes eleitos certamente criarão conflitos entre o governo central e governos provinciais. Cada presidente, homem de partido, não garantiria a oposição, e sempre prepararia a eleição do seu sucessor. A oposição teria apenas um meio de vencer: seria pela revolta. O Barão do Rio Branco louva muito a autonomia provincial, mas entende que ela já existe nas províncias mais ricas e populosas, sendo sobretudo a organização federal das possessões inglesas o que conviria imitar e que isto se pode fazer nos limites do Ato Adicional. Em sua opinião é bastante criar nas províncias mais importantes duas Câmaras e o governo parlamentar. Seria o presidente nomeado sempre pelo poder central, por um período de quatro anos. Governaria com os ministros provinciais (interior e instrução pública, comércio, agricultura e obras públicas, finanças), tirados da maioria parlamentar. O presidente poderia ser substituído antes da expiração do prazo governamental se as duas Câmaras de província ou os dois terços da Câmara dos Deputados o pedissem ao governo central. Os senadores seriam eleitos, porém inamovíveis. O presidente teria o direito de dissolver a Câmara dos Deputados. Na *Colonial Office List*, livro publicado anualmente na Inglaterra, achar-se-iam instruções muito precisas sobre a organização especial de cada possessão britânica".

e revela, talvez, o escopo de suas ambições políticas naquele momento.

Rio Branco teve o cuidado de remeter pessoalmente uma cópia do *Dom Pedro II* ao próprio imperador para que este "leia o livro antes que ninguém".[15] O monarca recebeu também exemplares dos demais trabalhos e a correspondência entre os dois se multiplicou. Como prova de apreço, o imperador permitiu-lhe que se correspondesse diretamente e não mais por meio de seus secretários. Viana Filho (2008, p.177) resumiu bem as expectativas do Barão nesse momento:

> Quase de repente, como se emergisse do fundo do penoso labor dos dias do "exílio", Rio Branco, ao ter a permissão de se dirigir a Sua Majestade, parece encontrar novos caminhos. Caminhos agradáveis, que o aproximam do Imperador, e por isso mesmo lhe desvendam perspectivas. Até onde o levarão nessa escalada? Aplainados pelo favor real, podem conduzi-lo inclusive ao poder.

No entanto, em 15 de novembro proclamou-se a República. Monarquista convicto, mas reconciliado com o círculo íntimo do poder do Império só em seu momento derradeiro, Rio Branco sofreu, sem dúvida, um golpe formidável. Não só a recuperação de sua posição como herdeiro do visconde na ordem saquarema estava subitamente cortada; o novo regime ameaçava, inclusive, seu emprego no Estado. A questão tinha vários complicadores. No Rio de Janeiro, o barão Homem de Melo procurou o novo ministro das Relações Exteriores, Quintino Bocaiuva, para

---

15 Ele escreveria ao imperador: "Desejo que Vossa Majestade seja o primeiro brasileiro a ler esse livrinho que *escrevi quase todo visando muito o efeito que deve produzir não só no estrangeiro, mas principalmente no Brasil.* Por isso tratei de certas questões de atualidade como um homem muito alheio às paixões partidárias e que só deseja que o Brasil continue a ser o que tem sido no glorioso reinado de Vossa Majestade: um Brasil unido, próspero, feliz e respeitado" (Lins, 1996, p.133, grifo do autor).

interceder pelo amigo em Liverpool. O resultado foi animador, mas, de todo modo, Homem de Melo recomendou a Paranhos que não viajasse a Lisboa para receber o imperador exilado. Em 8 de dezembro, Rio Branco escreveu ao monarca deposto uma carta em que se desculpa por não ter ido recebê-lo, pois "grandes encargos de família não me deixam a liberdade de ação que outros, mais felizes, ou menos infelizes, podem ter". D. Pedro, no entanto, em um telegrama da mesma data pede ao Barão que se conserve em suas funções consulares: "é seu dever, sirva seu país" (apud Viana Filho, 2008, p.190-1).

Aproximar-se do novo regime ou esperar uma reversão da situação? Os sentimentos de repulsa do Barão quanto ao golpe republicano eram inequívocos, contudo sua única fonte de renda era seu emprego no Consulado. Mais do que se abster de combater abertamente a República, algum gesto de aproximação se fazia necessário – "nem mesmo o silêncio, que os candidatos a Liverpool logo explorariam, seria possível: impunha-se algo capaz de aplacar as prevenções contra o monarquista (...) disposto a salvar-se, iniciou um jogo dúplice, espécie de vingança da astúcia contra a força: embora fiel às suas ideias, acalmaria a República" (Viana Filho, 2008, p.193).

Rio Branco atuou nas duas frentes. Além da pressão de seu amigo Homem de Melo junto a Quintino Bocaiuva em seu favor, Paranhos aproveitou-se do fato de Rui Barbosa ter acedido a um pedido do então amigo comum Rodolfo Dantas (que, fiel a seu monarquismo, depois romperia com Rui) e publicado na imprensa carioca, pouco antes do golpe de Deodoro, uma resenha altamente elogiosa de sua contribuição para a *Grande Enciclopédia*. O artigo de Rui Barbosa havia atingido em cheio a vaidade de Rio Branco e aparecia como uma oportunidade inestimável para que ele se aproximasse do subitamente poderoso intelectual baiano. Já consagrado como um dos expoentes intelectuais do país, Rui Barbosa seria nomeado ministro da Fazenda da nova República, na prática o mais influente auxiliar de Deodoro. Legitimamente "orgulhoso com os louvores de um Rui Barbosa", Rio Branco aproveitou a ocasião para agradecer a deferência e, ao mesmo tempo, fortalecer sua posição com o importante ministro. A carta é datada de 26 de dezembro de 1889, ou seja, menos de um mês e meio depois do golpe que derrubou o Império:

> A questão hoje, como V. Exa. disse em um telegrama, não é mais entre Monarquia e República, mas entre República e anarquia. Que o novo regime consiga manter a ordem, assegurar como o anterior a integridade, a prosperidade e a glória do nosso grande e caro Brasil, e ao mesmo tempo consolidar as liberdades que nos legaram nossos pais – e que não se encontram em muitas das intituladas Repúblicas hispano-americanas – é o que sinceramente desejo (Carta de Rio Branco a Rui Barbosa, de 26 de dezembro de 1889, apud Viana Filho, 2008, p.194).

Esse difícil equilíbrio também esteve refletido na correspondência oficial com o novo governo. Em seu primeiro relatório a Quintino Bocaiuva, de 14 de dezembro de 1889, o cônsul em Liverpool acentuou o caráter apolítico de suas funções:

> As notícias políticas não são da minha competência, e a legação brasileira em Londres terá sem dúvida transmitido a V. Exa. os comentários da imprensa inglesa sobre os últimos acontecimentos do Brasil. É, porém, do meu dever assegurar a V. Exa. que os negociantes e armadores desta cidade e do meu distrito, relacionados com o Brasil, continuam a manifestar a mesma confiança que antes tinham nos grandes destinos da nossa pátria. (Apud Lins, 1996, p.169)

No entanto, nem mesmo a necessidade de servir o novo regime pelos "grandes encargos de família" afastaram Rio Branco de seu círculo íntimo de amigos monarquistas e do próprio imperador, com quem continuou a se corresponder e visitou em muitas ocasiões. Rio Branco, inclusive, esteve presente no velório do monarca, em dezembro de 1891, fato que relatou em uma crônica para a imprensa brasileira sob o pseudônimo de Ferdinand Hex. Um dos mais estridentes opositores da República foi seu amigo mais próximo, Eduardo Prado, que passou a colaborar na *Revista de Portugal*, de Eça de Queirós, com violentos ataques ao novo regime. Essa oposição continuou com o livro *Faustos da Ditadura Militar no Brasil*, texto que, comparado com as notas privadas de Rio Branco, traz claras evidências de ter tido a contribuição anônima do cônsul em Liverpool. A cumplicidade está clara para os biógrafos do Barão. "Possivelmente os seus [de Eduardo Prado] artigos eram antes discutidos nos serões de Auteuil, nas reuniões em casa de Rio Branco, onde Eduardo Prado vivia em intimidade como se estivesse em sua própria casa", resumiu Lins (2008, p.171). No Brasil, Joaquim Nabuco retirou-se dos cargos públicos e passou a escrever contra a República em seu refúgio na ilha de Paquetá, na Baía de Guanabara. Daí, intensificou sua correspondência com Rio Branco. Rodolfo Dantas fundou um diário oposicionista, o *Jornal do Brasil*, publicação que contava com a colaboração de Rio Branco, responsável pela seção *Efemérides Brasileiras*, além de outros artigos, ainda que sob pseudônimo.

Mas, publicamente, Paranhos ocultava sua oposição à República e não se eximia de contatos com as autoridades do novo regime. A Rui Barbosa, Paranhos escreveu dizendo que "sei que há aqui pela Europa quem escreva ou telegrafe para os nossos jornais dando notícias de imaginárias conspirações, ou da organização de um partido restaurador" e garantiu, contra qualquer cobiça por seu posto em Liverpool: "Tudo isso é invenção dos que se querem recomendar para empregos ou comissões no governo. Se um partido restaurador pudesse ser organizado, o seu campo de ação seria o Brasil e não a Europa" (apud Viana Filho, 2008, p.195). Do mesmo modo, cortejou o então ministro da Guerra,

Floriano Peixoto, a quem enviou o terceiro volume de seus comentários sobre a obra de Schneider sobre a Guerra da Tríplice Aliança. Os vastos conhecimentos históricos de Paranhos não deixariam de causar impressão a Floriano, que, quando era "um obscuro major", conheceu Rio Branco durante a missão do visconde no Paraguai, ocasião em que Paranhos Júnior "tivera a oportunidade de prestar-lhe pequenos obséquios" (Viana Filho, 2008, p.200).

Floriano assumiu as rédeas do poder com a renúncia de Deodoro, em fins de 1891, e atuou com violência contra os opositores do regime. A República iniciava uma fase de radicalização. O *Jornal do Brasil*, de Rodolfo Dantas, foi atacado por grupos armados com a complacência da polícia. Rodolfo e Nabuco viajaram para a Europa e logo até mesmo Rui Barbosa, antigo companheiro de Floriano no governo de Deodoro, também se exilaria. Nabuco explicou seu exílio para Rio Branco com as seguintes palavras:

> Infelizmente o país não é habitável nesta quadra de terror, de clubes Tiradentes e de juramentos secretos. Não há garantia alguma para os homens que eles julgam capazes de fazer mal à República... A verdade é que a República não tolera nenhum grau de liberdade de opinião. Ela sabe que tem todo o mundo contra si e não tem coragem de afrontar os perigos da liberdade. (Apud Viana Filho, 2008, p.212)

O círculo de amigos de Rio Branco passava ao exílio, e a atuação oposicionista pela imprensa, mesmo sob pseudônimo, se tornava impossível. Eduardo Prado ainda publicaria seu importante livro *A ilusão americana* em 1893. Às voltas com a Revolta da Armada e com a Revolução Federalista, Floriano confiscou a edição e proibiu o livro, que foi reeditado em Londres no ano seguinte. Paranhos voltou à penumbra de suas atividades consulares, mas continuava seus estudos e dedicava-se aos limites com a Argentina, questão que seu pai foi um dos primeiros a negociar. O litígio, de acordo com o entendimento alcançado no fim do Império, estava sendo submetido ao arbitramento do presidente dos Estados Unidos.

Em março de 1893, o advogado brasileiro na questão, Aguiar de Andrade, faleceu inesperadamente em Washington. Um pouco surpreendentemente, o presidente Floriano Peixoto acabou por escolher Rio Branco para seu lugar.[16] Assim, no dia 30 daquele mês o Barão receberia, por meio da legação em Londres, o convite para substituir Aguiar de Andrade como advogado do Brasil no pleito contra a Argentina, desafio que Paranhos aceitou imediatamente. Passou ele então a corresponder-se com o ministro em Buenos Aires, Assis Brasil, e fez procurar documentação para sustentar o pleito brasileiro em vários arquivos da Europa. Em Washington, recebeu o apoio de Salvador de Mendonça, ministro brasileiro junto ao governo estadunidense. Ainda durante o Império, o republicano Mendonça havia sido indicado cônsul em Baltimore em 1875, graças à "boa vontade" do visconde e, portanto, conhecia Rio Branco, a quem anos mais tarde acusou de desejar "guardar para si todos os louros da vitória" (Mendonça, 1904, p.252) que ele iria colher no arbitramento. Essa avaliação, aliás verdadeira, foi também compartilhada pelo segundo plenipotenciário da missão, o general Dionísio Cerqueira, que, certamente já frustrado por não ter recebido a posição de advogado titular quando da morte de Aguiar Andrade, não pôde conter sua fúria ao saber que não tivera seu nome incluído como coautor da exposição escrita por Rio Branco e entregue ao árbitro. Nem Cerqueira, nem nenhum outro membro da missão. Nem mesmo a ideia de que lhe atri-

---

16 Oliveira Lima (1937, p.184) atribuiu essa escolha a uma sugestão de Joaquim Nabuco, por meio do conselheiro Dantas; já o filho do Barão, Raul, informou ter sido uma indicação do ministro em Londres, João Arthur Sousa Correia (Rio Branco, 1942, p.146).

buíssem o título de "principal autor" da defesa brasileira foi aceita por Rio Branco: "Desde que pus o meu nome por baixo da exposição é porque esse trabalho é todo meu. Se houvesse algum outro autor, por mais secundário que fosse, eu o teria convidado a assinar comigo" (apud Viana Filho, 2008, p.244).

De fato, desde o início Rio Branco recusou-se a ficar restrito às instruções preparadas no Rio de Janeiro pelo visconde de Cabo Frio e ameaçou deixar a missão caso o visconde não lhe desse carta branca. Correspondeu-se também diretamente com Floriano Peixoto para que o deixassem redigir a defesa brasileira com total liberdade. Em ofício dirigido ao Rio de Janeiro, já conhecido o laudo do presidente Cleveland, enfatizou sua exclusiva autoria da defesa brasileira:

> Tenho até hoje feito alguns trabalhos anônimos e outros com ligeiras modificações ou mesmo textualmente, têm sido publicados sob a assinatura de escritores europeus meus amigos. Mas, nunca assinei, eu, nem assinarei nunca trabalhos alheios. As páginas manuscritas da Exposição só foram lidas pelo tradutor Girardot quando as vertia para o inglês. Dos membros da Missão, apenas dois secretários ajudaram-me nos últimos dias do prazo, a corrigir provas da imprensa; mas esses mesmos só leram e ficaram conhecendo toda a Exposição depois de entregue ao Árbitro. (Apud Viana Filho, 2008, p.244)

De todo modo, Dionísio Cerqueira tornou-se um amargo desafeto de Paranhos e entregou um relatório ao Ministério das Relações Exteriores em que ressaltava sua participação e atacava Rio Branco.

O laudo do presidente Cleveland concedendo ao Brasil a posse sobre todo o território em questão foi conhecido em fevereiro de 1895, já no governo de Prudente de Moraes, e transformou imediatamente Rio Branco em uma celebridade no Brasil. Ainda em estado de guerra civil, pois a Revolução

Federalista só seria encerrada em agosto daquele ano, a vitória na questão de limites com a Argentina era um fato que unia todos os brasileiros. Cauteloso, o Barão recusou o convite para ir ao Rio de Janeiro receber as homenagens pela vitória contra o vizinho.

De volta à Europa, passou por Londres, onde visitou Rui Barbosa, que ainda se encontrava autoexilado por sua oposição a Floriano. Rui, no entanto, brevemente voltaria ao Brasil. Já em Paris, em maio, o Barão foi consultado para assumir a chefia de uma legação diplomática, mas Marie encontrava-se muito enferma. Alegando não poder deixar Paris naquelas condições, o Barão contrapropôs que lhe confiassem a negociação da fronteira com a Guiana Francesa com o governo francês. Assim, sua permanência na capital francesa estaria justificada e ele se dedicaria a estudar e colher documentos sobre a questão. Esse encargo foi-lhe concedido, mas em caráter quase informal, pois as conversações com o governo francês seguiram oficialmente a cargo do ministro em Paris, Gabriel de Toledo Piza e Almeida, com o apoio de Paranhos. As negociações diretas entre Piza e a chancelaria francesa arrastaram-se ao longo de 1895 e do ano seguinte, sem que se chegasse a um acordo. Nesse ínterim, os ingleses tomaram posse da ilha da Trindade, que se encontrava sem ocupação brasileira há algumas décadas. Paranhos auxiliou informalmente as negociações em Londres, que no final resolveram-se com a devolução da ilha à soberania brasileira. Ainda que perdida no meio do Atlântico e desabitada, o tema da soberania sobre a ilha da Trindade empolgou a opinião pública brasileira, que não admitia concessões. Foi recusada a proposta inglesa de submeter o litígio à arbitragem. Como observou Rio Branco, criou-se um forte incidente sobre "o tal rochedo que nada vale, nem para a Inglaterra, nem para nós, mas que entre nós é considerado hoje um *pedaço sagrado da pátria*" (apud Viana Filho, 2008, p.272, grifo no original). Com os bons ofícios de Portugal, a Inglaterra acabou por desocupar a ilha em 1896.

Em setembro de 1896, Dionísio Cerqueira, desafeto de Rio Branco desde a arbitragem em Washington, foi nomeado ministro das Relações Exteriores. As negociações com o governo francês sobre os limites com a Guiana foram transferidas de Paris para o Rio de Janeiro, onde tampouco se chegou a um acordo. Decidiu-se, em 1897, submeter o litígio à arbitragem do governo suíço, o que colocou Rio Branco como candidato natural para atuar outra vez como advogado brasileiro. O chanceler, inimigo declarado de Paranhos, ainda tentou impor um segundo nome para dividir com Paranhos a chefia da Missão, mas Rio Branco recorreu ao presidente Prudente de Moraes e criou-se um impasse que se prolongou até a posse do presidente Campos Sales. O novo ministro das Relações Exteriores, Olinto de Magalhães, até então ministro em Berna, também tinha participado da Missão em Washington, mas ao contrário de Dionísio Cerqueira, manteve-se em bons termos com Rio Branco. Outro dos personagens de Washington, Salvador de Mendonça, foi transferido por Dionísio Cerqueira da capital estadunidense para Lisboa, mas o Senado negou-lhe a aprovação e Mendonça foi colocado em disponibilidade.[17] Para Washington, foi designado Assis Brasil.

Ademais do bom trânsito com Olinto de Magalhães, Rio Branco passou a contar com as simpatias de Campos Sales, com quem manteve contato durante a viagem do então presidente eleito à Europa para tratar do *Funding Loan* com a banca inglesa. Um dos primeiros atos do novo governo foi nomeá-lo oficialmente ministro em Missão Especial na Suíça para tratar da arbitragem sobre a fronteira com a Guiana Francesa. A situação política de Paranhos era, outra vez, de intimidade com o poder. A República, por sua vez, superava seu momento de

---

17 Salvador de Mendonça acabaria reintegrado na carreira diplomática em 1903, já pelo Barão do Rio Branco, mas publicou uma série de artigos no *Jornal do Commercio* em sua defesa e contra Cerqueira. Esses artigos foram reunidos em um livro publicado em 1904 sob o sugestivo título de *Ajuste de Contas*.

maior instabilidade. O governo de Prudente de Moraes havia conseguido encerrar a guerra civil e, a despeito das contínuas agitações dos jacobinos, com a morte de Floriano Peixoto (1895) as lideranças militares perderam coesão e o governo civil resistiu até mesmo ao afastamento temporário do presidente Prudente de Moraes, de novembro de 1896 a fevereiro do ano seguinte, por motivo de doença. A situação política seguiu, no entanto, tensa. O movimento messiânico em Canudos surgiu como desculpa para novas perseguições contra os monarquistas ou outros oposicionistas. Em novembro de 1897, o presidente sobreviveu a uma tentativa de assassinato, um desatino dos jacobinos que acabou por fortalecer politicamente Prudente de Moraes. Apesar dos percalços, o primeiro governo civil da nova república conseguiu promover uma sucessão tranquila para o novo presidente, Campos Sales. Iniciava-se a montagem da política dos governadores e a pacificação do país. O governo de Campos Sales, no entanto, ainda haveria de confrontar-se com crises e sublevações, como as revoluções de 1899 e 1901 em Mato Grosso e revoltas monarquistas em 1900 e 1902.

A política externa seguia na ordem do dia, envolvida em um clima de patriotismo exacerbado. Em fins de 1896, a tentativa de convocar uma sessão secreta do Congresso para discutir as negociações sobre os limites com a Guiana Francesa, que já tinham sido transferidas para o Rio de Janeiro, havia provocado protestos na imprensa contra o governo e desconfianças sobre uma possível falta de firmeza na condução da diplomacia. A arbitragem acabou prevalecendo pela impossibilidade política de fazer concessões que permitissem um acerto com a França. A questão da ilha da Trindade e dos limites com as Guianas francesa e inglesa eram acompanhadas em clima emocional. Para advogado brasileiro na arbitragem sobre os limites com a Guiana Inglesa, que foi submetida ao rei da Itália, a escolha recaiu sobre Joaquim Nabuco, que assim voltou ao primeiro plano da política nacional. A ascensão de Paranhos e Nabuco e outros monarquistas enquadrava-se na montagem da "república dos conselheiros" e da reconstituição, em novas bases, da ordem oligárquica.

Em 1898, Rio Branco foi eleito membro da Academia Brasileira de Letras, um dos principais espaços de sociabilidade da elite intelectual e política republicana. Ele já era sócio, há décadas, do Instituto Histórico e Geográfico, maior instituição cultural do Império. Simbolicamente, integrava-se então aos círculos intelectuais e beletristas da República. A nova ordem política e cultural republicana consolidava-se e nela Rio Branco acabaria por conseguir o destaque que não conseguiu ter na ordem saquarema.

Em 10 de dezembro de 1900, o presidente do Conselho Federal Suíço anunciou seu laudo favorável às pretensões brasileiras na fronteira com a Guiana Francesa. O prestígio e a popularidade de Rio Branco tornaram-se incontornáveis. Rui Barbosa assim definiu o sentimento público: "literalmente do Amazonas ao Prata há um nome que parece irradiar por todo o círculo do horizonte num infinito de cintilações: o do filho do emancipador dos escravos, duplicando a glória paterna com a de reintegrador do território nacional" (apud Viana Filho, 2008, p.345).

Rio Branco seria então designado ministro em Berlim, onde viveria por menos de dois anos. Seu nome estava em todas as apostas para chanceler do governo que sucederia Campos Sales. De fato, o convite foi concretizado, mas Rio Branco hesitou e chegou a indicar o nome do amigo Joaquim Nabuco em seu lugar. Só aceitou depois de um telegrama do presidente eleito, Rodrigues Alves, que decretou: "Nome [de] V. Exa. será muito bem recebido não podendo negar [ao] país sacrifício pedido".

Rio Branco voltou ao Brasil em um momento em que os anos turbulentos do início da era republicana pareciam, finalmente, estar sendo superados. A gestão de Campos Sales tinha equilibrado as contas nacionais, dando fim à longa crise financeira que vinha desde a crise do encilhamento, ainda no

Governo Provisório. Ao lado de Paranhos dentre os auxiliares de Rodrigues Alves, contava-se com personalidades do porte de Oswaldo Cruz, que iria revolucionar a saúde pública brasileira, Leopoldo Bulhões, no Ministério da Fazenda, Lauro Müller, na pasta de Viação e Obras, José Joaquim Seabra, no Ministério da Justiça, e do almirante Júlio Cesar Noronha, na Marinha.

Na prefeitura da capital, a posse de Pereira Passos, em 1902, iria transformar radicalmente a acanhada cidade de traços ainda coloniais com o redesenho urbano e a abertura de grandes vias de circulação: a Avenida Central, a Avenida Beira-Mar, a Avenida Atlântica. Com o "bota-abaixo" promovido pelo prefeito demoliram-se centenas de casas e cortiços e seus milhares de habitantes foram expulsos para os morros cariocas. A metamorfose do traçado urbano da capital foi complementada com o esforço de saneamento e controle das epidemias que davam ao Rio de Janeiro a triste fama de "Cidade da Morte" entre os estrangeiros. Oswaldo Cruz impôs a vacinação contra a febre amarela, a despeito da resistência de parte da população. Com a reurbanização e o controle das epidemias de febre amarela, lepra, cólera, peste bubônica e varíola, a capital brasileira em poucas décadas passaria a ser conhecida como a "Cidade Maravilhosa". Foram anos decisivos para o nascimento do Brasil moderno.

O Barão e seu "evangelho"

A chegada do Barão ao Rio de Janeiro, em 1º de dezembro de 1902, para assumir o Ministério das Relações Exteriores, foi descrita em cores vivas por seus principais biógrafos. Luís Viana Filho (2008, p.392), apoiado em testemunhas do evento, qualificou a cena do retorno como "a narrativa da chegada do herói". Já Álvaro Lins (1996, p.251-253) a comparou ao desembarque de D. João VI e da Corte portuguesa em 1808. Lins, inclusive, especulou sobre os sentimentos de Paranhos nesse dia tão crucial:

> Pode-se imaginar a sua comoção nesse primeiro contato direto com a popularidade, nesse encontro pessoal com a glória. Fazia vinte e seis anos que ali havia embarcado para o estrangeiro, quase sozinho, com um futuro incerto e duvidoso. Agora, um quarto de século depois, voltava como um triunfador imprevisto, a quem a multidão tudo oferecia em glória e poder. Não estava habituado com o sucesso, e a sua ambição de glória teve naquele dia a primeira consagração pessoal. De um obscuro cônsul, ainda havia dez anos, passara a ser a figura mais festejada e mais aclamada pelo povo.

Nenhum outro nome sobrepujava o seu em prestígio e popularidade. (Lins, 1996, p.252)

O fato é que a gestão de Rio Branco no Ministério das Relações Exteriores começava de um modo bem distante da realidade de todos seus sucessores, em especial no caso dos também diplomatas de carreira. Paranhos, ao chegar, já vinha como "o Barão do Rio Branco", um nome reconhecido cujo prestígio não derivava da popularidade do presidente, a quem, aliás, Paranhos não conhecia pessoalmente. Ademais, para a opinião pública, as vitórias nas questões de Palmas e do Amapá afiançavam um conhecimento "técnico" insuperável das intrincadas questões da diplomacia e das relações internacionais. Mas na verdade, em 1902, essa leitura era muito mais uma suposição do que uma realidade: as questões de fronteiras eram apenas uma parte (ainda que muito importante) do rol de tarefas e desafios que o Brasil enfrentava nas suas relações internacionais. No âmbito restrito das discussões de limites, Paranhos havia, é certo, demonstrado sua inigualável capacidade de atuação como advogado perante árbitros estrangeiros. Ainda assim, essa era apenas uma das possibilidades de encaminhamento das negociações das linhas de fronteira. Aliás, apenas a questão com a Guiana Inglesa, cujo processo de arbitragem já se havia iniciado quando do retorno de Paranhos ao Brasil, seria também submetida à arbitragem. Ou seja, do ponto de vista prático, as ideias e a capacidade de Rio Branco para reger a política externa do país como um todo eram, na verdade, uma incógnita. Mas, no momento de seu retorno, esse era um detalhe imperceptível diante das vitórias obtidas pelo Barão. Ele chegava já como um vencedor e dotado de grande popularidade, uma escolha quase inescapável para o ministério do presidente recém-eleito, condição que não se repetiria com nenhum de seus sucessores.

O retrospecto era importante, mas quem se arriscasse a prever as políticas que seriam adotadas por Rio Branco a partir dos antecedentes até aquele momento erraria miseravelmente. A despeito do jogo duplo praticado por Paranhos desde a proclamação da República, seu monarquismo era ainda evidente. Ele exaltava a excelência da diplomacia do Império, mas, ao contrário de seus antecessores republicanos na chancelaria, rapidamente repudiou a interpretação tradicional do tratado de 1867 com a Bolívia, assinado durante a monarquia, como referência para tratar da questão do Acre. Posteriormente, seria unanimemente considerado o responsável pela alteração do eixo da nossa política externa de Londres para Washington; no entanto, ainda em 1896 escrevia que "prefiro que o Brasil estreite as suas relações com a Europa a vê-lo lançar-se nos braços dos Estados Unidos" (apud Lins, 1996, p.147).[1] O grande vitorioso das arbitragens de Palmas e do Amapá não submeteu nem um milímetro mais da linha de fronteiras à arbitragem e preferiu sempre negociações diretas. Sua defesa magistral dos direitos do Brasil nas duas arbitragens podia fazer esperar que esse seria o caminho proposto para solucionar a então premente crise com a Bolívia. Aliás, a dúvida que assaltava a todos no momento de seu regresso ao Brasil era sobre como Rio Branco conduziria a questão do Acre, o tema que mais mobilizava a opinião pública então.

Quando de sua chegada, Paranhos era visto por grupos monarquistas exaltados e por republicanos jacobinos como um possível líder para um movimento de restauração da monarquia, hipótese que ele se apressou em dissipar. Já no dia de sua chegada, em seu primeiro discurso, no Clube Naval, Rio Branco

---

1 Trata-se da minuta de uma carta a Souza Correia. Curiosamente, na versão final dessa carta essa frase foi omitida, o que para Lins foi "como que uma antecipação do seu próximo pensamento de solidariedade americana". Antecipação, talvez. Provavelmente, apenas cautela. De todo modo, a proximidade de Rio Branco com Eduardo Prado e outros ativistas monarquistas e suas repetidas manifestações de europeísmo fazem dele um improvável americanista, inclusive na medida da identificação desse sentimento com o republicanismo que horrorizava Paranhos.

procurou marcar seu afastamento da política interna e insistiu em situar a política externa como algo fora da esfera das paixões partidárias:

> Desde 1876 desprendi-me da nossa política interna com o propósito de não mais voltar a ela e de me consagrar exclusivamente a assuntos nacionais, porque assim o patriotismo daria forças à minha fraqueza pessoal. Aceitando depois de longas hesitações e reiterados pedidos de dispensa o honroso posto em que entendeu dever colocar-me o ilustre Sr. Presidente da República, em nada modifiquei aquele meu propósito. A pasta das Relações Exteriores, disse-me ele, não é e não deve ser uma pasta de política interna. Obedeci ao seu apelo como o soldado a quem o chefe mostra o caminho do dever. *Não venho servir a um partido político: venho servir ao Brasil, que todos desejamos ver unido, íntegro e respeitado.* (Apud Lins, 1996, p.253, grifo meu)

Essa ideia – falsa – da autonomia da política externa em relação à política interna foi repisada insistentemente por Paranhos. No início, como forma de protegê-lo do fervor antimonarquista, que ainda persistia. A questão então já não era tão aguda como nos tempos de Deodoro e Floriano, mas seguia presente e, inclusive, persistiria depois da morte de Rio Branco. Foi, por exemplo, o golpe de misericórdia na carreira diplomática de Oliveira Lima, que, curiosamente, foi um republicano de primeira hora e cujo entusiasmo público ao novo regime valeu-lhe o ingresso na carreira diplomática ainda durante o governo provisório. Ele havia progressivamente se tornado simpatizante do monarquismo e, em 1912, de volta ao Brasil, deu uma entrevista à imprensa "na qual fazia profissão de fé monarquista, num ato desastrado com que acabou oferecendo aos opositores oportunidade para novas retaliações, que culminaram com sua aposentadoria" (Malatian, 2001, p.236). Oliveira Lima teve sua indicação para ministro em Londres recusada no Senado, pois a "imprensa explorou as acusações de que Oliveira Lima seria um enviado de D. Luís ao Brasil, com a finalidade de realizar contatos com adeptos da restauração" (Malatian, 2001, p.239).

Além de sua longa duração, o fervor antimonarquista conheceu uma intensidade que pode surpreender quem vê a questão com os olhos de hoje. O peso das acusações de falta de fé republicana podia atingir personagens insuspeitos. Até mesmo Salvador de Mendonça, um dos signatários do Manifesto Republicano de 1870 e republicano histórico, queixou-se de que, durante a Revolta da Armada, pediam sua exoneração ao presidente Floriano com base em uma suposta simpatia monarquista por seus laços de amizade com Lafaiete Pereira e com o almirante Saldanha da Gama (Mendonça, 1913, p.201). O próprio Rio Branco tinha sido alvo de acompanhamento e espionagem, em Washington, por parte do governo brasileiro, quando atuou como advogado brasileiro na questão de Palmas.

Ao longo dos primeiros anos da República, a realidade tinha sido claramente o reverso dessa ideia de separação entre política interna e externa: o tratado assinado por Bocaiuva com a Argentina dividindo o território de Palmas (concebido como uma demonstração de americanismo) foi destruído pela opinião pública e rejeitado pelo Congresso; acusações foram lançadas contra Salvador de Mendonça por causa do acordo comercial com os Estados Unidos; a intervenção estrangeira contra a Revolta da Armada dividiu a opinião pública; a ruptura de relações com Portugal também. O próprio corpo diplomático foi atingido, com o expurgo de monarquistas, substituídos por republicanos.

Passados os anos mais duros do início da República, os monarquistas começaram a se reorganizar e também a propagar sua plataforma de política externa. Em 15 de novembro de 1895, a ala paulista do movimento, liderada por Eduardo Prado, lançou um manifesto com suas diretrizes e, no ano seguinte, no Rio de Janeiro, outra convocatória foi feita por Joaquim Nabuco.

Quanto à política externa, os monarquistas inclinavam-se à manutenção da aliança com o capital inglês e, consequentemente, à crítica radical ao monroísmo e à aproximação com os Estados Unidos, sobretudo porque ela resultara na intervenção que favorecera o governo em 1893, no Rio de Janeiro, contra a Armada rebelada. (Malatian, 2001, p.110)

Ao assumir o Ministério das Relações Exteriores, em 1902, a discussão sobre a conveniência de uma postura americanista ou europeísta não estava resolvida e parecia inevitável assumir um posicionamento que, qualquer que fosse, acabaria por desgastar Rio Branco politicamente. Assim, a tentativa de se colocar acima das paixões partidárias era, talvez, a melhor saída possível para esse impasse, mas essa desconexão entre a política externa e as lutas partidárias necessitava ser mais bem elaborada. A noção da política externa como política de Estado, isolada das paixões e discussões domésticas, vinha do Segundo Reinado. Não por acaso, o pai do Barão, ao aceitar a missão no Prata a ele oferecida em um gabinete liberal, explicou que "sempre professei e ainda hoje professo que a política externa não deve estar sujeita às vicissitudes da política interna". Parecia, portanto, natural para Rio Branco recorrer a essa noção como estratégia de fortalecimento político. Mas é evidente que esse caráter em aparência não partidário da política externa só se explicava pelas peculiaridades do Segundo Reinado. As relações internacionais foram um tema bastante divisório e candente tanto durante o período de Pedro I como nas regências. No longo reinado de Pedro II, ademais do papel importante desempenhado pelo próprio imperador, as discussões sobre a política externa davam-se, principalmente, no âmbito do Senado vitalício e do Conselho de Estado, com a presença dos grandes líderes conservadores e liberais. A ênfase na criação de consensos, característica da ordem saquarema, tinha na política externa seu ponto máximo. Nesse contexto, a política externa, de fato, teve durante o Segundo Reinado a aparência de uma política de Estado, acima dos partidos, ainda que, na prática, evidentemente continuassem a existir visões conflitantes. Essa aparência de "desligamento" da política externa explica-se, portanto, por sua plena adequação às peculiaridades da ordem saquarema.

No caso de Rio Branco, sua ênfase na questão das fronteiras dava credibilidade ao discurso do isolamento da política externa das questões internas. Em tese, independente de afiliação partidária, todos podem concordar com o objetivo de definir e assegurar as fronteiras, ou mesmo de conseguir ganhos territoriais. Em termos simbólicos, as fronteiras demarcam também a alteridade, o "outro" em relação ao qual se constrói a identidade nacional. A questão da unidade e grandeza do território era um tema que vinha sendo explorado desde a independência como base do discurso sobre a identidade brasileira. E nesse campo, com as vitórias nas questões de Palmas e do Amapá, Paranhos Júnior já havia acumulado um capital político insuperável.

Persistia, no entanto, a desconfiança com a qual Rio Branco era visto pelos grupos de monarquistas intransigentes, que consideravam sua participação no governo uma traição, e por republicanos jacobinos, que antecipavam nele um possível líder para um movimento restaurador. Os dois lados estavam atentos também aos pequenos gestos. A determinação de Rio Branco de suprimir expressões positivistas da correspondência oficial do Ministério, tomada logo ao assumir, mereceu um ataque do republicano Miguel Lemos pelas páginas do *Jornal do Comércio*, onde não deixou de classificar Paranhos como "chefe do partido da pátria", ou seja, dos monarquistas, e insinuar que Rio Branco encontraria no Acre sua rocha Tarpeia, onde os antigos romanos pagavam com a vida pelo crime de traição:

> Se estas alterações dimanassem de um republicano insuspeito, teríamos de lamentar sua pequice política, mas partindo do aclamado chefe do intitulado partido da pátria elas não podem deixar

de incutir sérias apreensões nas almas de todos quantos sabem pressentir através de tais sintomas, por pequenos que pareçam, a intoxicação sebastianista que vai corroendo fundo as instituições fundadas por Benjamin Constant.

Mas seja como for, o que sinceramente desejamos é que essas reformas iniciais do Ministério do Exterior muito contribuam para que o ilustrado brasileiro nos demonstre praticamente, na gestão *política* de sua pasta, que o capitólio das Missões e do Amapá está muito distante da rocha Tarpeia do Acre e de outros insondáveis despenhadeiros que demoram em torno de sua eminente posição no Governo da República. (Apud Lins, 1997, p.259, grifo no original)

Inaugurando uma estratégia da qual faria largo uso durante os pouco mais de nove anos em que ficaria à frente da chancelaria, Rio Branco defendeu-se também pelos jornais, mas ao abrigo de um pseudônimo:

Não sabemos que haja entre nós um "intitulado partido da pátria". Se existe terá outro ou outros chefes. Afastado há vinte e oito anos das nossas questões de política interna, o Sr. Rio Branco tem mostrado que não procura nem deseja eminências políticas. (...) Pode o Sr. Miguel Lemos estar certo de que o novo ministro das Relações Exteriores não partiu da Europa ignorando a existência dos despenhadeiros a que se refere. Veio para o Brasil muito ciente de que no posto de perigo que lhe foi designado tinha bastante a perder e nada a ganhar. Se, porém, tiver de cair de algum despenhadeiro, estamos certos de que há de fazer o possível para cair só, sem arrastar em sua queda os interesses do Brasil. (Apud Lins, 1996, p.260)

Rio Branco estava atento à opinião pública que clamava pela defesa dos brasileiros do Acre contra as autoridades bolivianas e, contrariando a interpretação de seus antecessores imediatos, Dionísio Cerqueira e Olinto de Magalhães, passou a definir a região como um território em litígio, ao contrário do entendimento que vinha sendo dado ao tratado assinado pela monarquia com a Bolívia em 1867. Se o território era tradicionalmente reconhecido como boliviano, a população que para lá se deslocara era majoritariamente brasileira. Coordenando-se com Assis Brasil, em Washington, conseguiu neutralizar a possibilidade de apoio estrangeiro às pretensões bolivianas ao indenizar os acionistas do *Bolivian Syndicate*. Afastou também o Peru, reservando seus direitos para uma negociação posterior, e concentrou-se na negociação com a Bolívia. Com a participação de Assis Brasil e, até inícios de novembro de 1903, de Rui Barbosa (que se retirou da equipe negociadora por discordar dos outros dois plenipotenciários), Rio Branco conseguiu um acordo com o governo boliviano, traduzido no Tratado de Petrópolis, de 17 de novembro de 1903. Em menos de um ano, Paranhos tinha conseguido finalizar a negociação com o governo da Bolívia.

Internamente, no entanto, o tratado enfrentou sérias resistências: "Quebrara-se, com efeito, a unanimidade de aplausos em torno do nome de Rio Branco" (Lins, 1996, p.284). O acordo alcançado foi combatido na Câmara, no Senado e pela imprensa. Foi atacado pelos monarquistas, que definiam o tratado como "uma monstruosidade", por conceder compensações territoriais à Bolívia. Para os positivistas, ao contrário, o tratado espoliava a Bolívia e, portanto, era um atentado à fraternidade continental.

No Senado, a oposição foi liderada por Rui Barbosa, que se havia exonerado da equipe negociadora por preferir que a questão fosse submetida ao arbitramento. Sua *Exposição de Motivos do Plenipotenciário Vencido* atacava o acordo, com o argumento de que Rio Branco havia concedido demasiadas compensações, inclusive territoriais. A saída de Rui, que desfez o trio de plenipotenciários, chegou a provocar boatos de que Rio Branco deixaria o ministério, em meio a renovadas acusações de tramar uma restauração monárquica. Nesse plano, para sua vantagem, também pesavam contra o próprio presidente Rodrigues Alves suspeitas de simpatias monarquistas, uma vez que ele havia, de fato, exercido importantes funções no Império, inclusive compartia com Paranhos o título de conselheiro do Império. A "república dos conselheiros" já era uma realidade.

Rio Branco soube mobilizar apoios em seu favor, no Congresso e na imprensa. Escreveu copiosamente em favor do tratado, como ministro e por meio do artifício dos artigos de imprensa publicados sob pseudônimo. O principal foco de críticas era a entrega de 3.164 km² que seriam cedidos à Bolívia em troca dos cerca de 200 mil do Acre. Como ministro, não podia arguir a simples matemática dessa troca, que na boca do chanceler brasileiro seria ofensiva aos bolivianos, mas por meio de um de seus pseudônimos, em defesa das vantagens do tratado, chegou mesmo a desafiar a interpretação convencional sobre a manutenção da integridade do território brasileiro a despeito da perda da Cisplatina:[2]

> Durante sessenta anos do regime passado, o território nacional não teve aumento algum, pelo contrário, em todos os ajustes citados renunciamos a terras a que, pela aplicação do princípio do *uti possidetis*, tínhamos direito e sofremos até, pelo Tratado de 27 de agosto de 1828, a desagregação da Província Cisplatina, depois República Oriental do Uruguai, isto é, a perda de 187.000 quilômetros quadrados, extensão territorial – seja dito de passagem – quase equivalente à que pelo Tratado de Petrópolis vamos agora incluir dentro dos limites do Brasil. (Apud Lins, 1996, p.287)

O Tratado de Petrópolis foi debatido intensamente. "Nos fins de 1903 e princípios de 1904, nenhum outro nome aparece tanto na imprensa do Rio de Janeiro quanto o Acre" (Lins, 1996, p.287). Mas, finalmente, o acordo acabou sendo aprovado.

---

2 Ver Santos, 2010, p.64-8.

Restava negociar com o Peru. Após momentos em que se temeu por uma escalada militar, alcançou-se, em julho de 1904, um *modus vivendi* na região para permitir a negociação com os peruanos. Essas discussões se prolongariam até 1909 e, assim, seguiu por longo tempo a ideia de que poderíamos perder para o Peru o que haviam comprado por "alto preço" da Bolívia.

Ao mesmo tempo em que a questão com o Peru atingia seu auge, em junho de 1904, foi conhecida a decisão arbitral do rei da Itália no litígio com a Inglaterra sobre os limites com a Guiana Inglesa: a divisão do território, dando à coroa britânica mais do que havia sido pedido em alguns momentos da negociação direta. A despeito da percepção geral de uma derrota desastrosa, Rio Branco buscou preservar o advogado brasileiro, Joaquim Nabuco, mas tirou do episódio uma conclusão que seria adotada como doutrina:

> Essa lição consiste em reconhecermos que o arbitramento não é sempre eficaz. Pode a causa ser magnífica, o advogado inigualável e, como é o caso, ter-se uma sentença desfavorável. Não condenamos por isso em absoluto o arbitramento, decerto, mas reconheçamos que só devemos recorrer a ele quando for de todo impossível chegarmos a um acordo direto com a parte adversa. Transigiremos, então, tendo em vista o interesse comum; mas não veremos possíveis interesses estranhos a nós, desconhecendo o nosso direito e até os princípios correntes de direito internacional (Apud Lins, 1996, p.297).

Uma das chaves para entender a elaboração do conjunto de teses esposadas por Rio Branco está, justamente, nesse processo de criar a doutrina a partir das situações concretas, muitas vezes em contradição aberta com opiniões anteriores ou preferências expressadas ou presumidas. Superado o desafio da questão do Acre, o novo chanceler escolheria Joaquim Nabuco como executor do lance seguinte da política externa: a priorização das relações com os Estados Unidos. Para dar maior realce a essa escolha, atendendo uma sugestão de Assis Brasil, as representações diplomáticas nos dois países seriam elevadas ao nível de embaixadas, que eram pouco comuns então. No Rio de Janeiro não havia nenhuma embaixada e em Washington o único país latino-americano representado por um embaixador era o México.

As simpatias de Rio Branco pela Europa, onde tinha vivido mais de duas décadas, entre Inglaterra, França, Suíça e Alemanha, só encontravam rival no próprio Nabuco. Em seu livro autobiográfico *Minha formação*, publicado em 1900, Nabuco dizia: "As paisagens todas do Novo Mundo, a floresta amazônica ou os pampas argentinos, não valem para mim um trecho da Via Appia, uma volta da estrada de Salermo a Amalfi, um pedaço do cais do Sena à sombra do velho Louvre" (Nabuco, 1999, p.49). Nabuco havia sido um crítico feroz da intervenção estadunidense durante a Revolta da Armada e um dos líderes do movimento monarquista. Não é de se esquecer, ainda, a forte amizade e afinidade intelectual que uniam tanto Nabuco como Paranhos a Eduardo Prado, então já falecido, mas que se tinha celebrizado por seu influente *A ilusão americana*, publicado em 1893, a mais contundente e ácida crítica ao americanismo republicano.

Os personagens, portanto, pareciam os menos adequados para o enredo da construção da "aliança não escrita" com os Estados Unidos. Se a diplomacia imperial se tinha caracterizado por seu distanciamento dos Estados Unidos e sua rejeição a qualquer ideia de identidade com os vizinhos hispano-americanos, a diplomacia da primeira década republicana baseava-se em um estridente discurso americanista, mas cujas realizações concretas eram bastante mais duvidosas. No decorrer da Primeira Conferência Pan-Americana, em Washington, a queda do Império traduziu-se na reversão completa das instruções da delegação brasileira, que teve sua chefia entregue a Salvador de Mendonça. O Brasil passou a apoiar as iniciativas estadunidenses na Conferência, mas os resultados do encontro foram bastante escassos. De todo modo, Mendonça firmou-se como representante do governo brasileiro em Washington, mas fracassou em sua tentativa de obter uma "aliança ofensiva e defensiva para a defesa de sua independência, soberania e integridade territorial". O acordo comercial assinado em 1891 foi outro fracasso e a intervenção estadunidense na Revolta da Armada foi na verdade uma interferência nos assuntos internos, que só a fragilidade do governo brasileiro naquele momento pode explicar. O debate sobre a amizade com os Estados Unidos e a adesão ao monroísmo confundia-se com a clivagem entre republicanos e monarquistas.

O gesto de Paranhos no sentido de priorizar, de forma bombástica, as relações com os Estados Unidos, mais do que apenas representar sua adaptação ao americanismo republicano, contra o qual seria difícil lutar, respondia a necessidades concretas, com base em uma leitura pragmática do contexto internacional dos primeiros anos do século XX. O imperialismo europeu era uma ameaça real e a derrota na questão do arbitramento da fronteira com a Guiana Inglesa somada à recente ocupação da ilha da Trindade contribuíam para um sentido de ameaça iminente. A partilha da África, consagrada na Conferência de Berlim, era recente, bem como a imposição de tratados desiguais à China, a abertura forçada do Japão, a conquista da Indochina, o esmagamento dos *boers* da África do Sul. Eram experiências partilhadas por Paranhos e Nabuco, atentos observadores da cena internacional. Os princípios de Berlim declararam como *res nullius*, ou seja, terra sem dono, os territórios sem efetiva ocupação na África, um princípio que, se estendido para a América do Sul, ameaçava a maior parte do território brasileiro, em especial a Amazônia. O Brasil fazia fronteira com três países europeus (França, Inglaterra e Holanda) exatamente na região onde sua soberania era mais nominal que real.

Para Rio Branco, inclusive por sua vasta experiência pessoal na Europa, o imperialismo estadunidense parecia uma ameaça mais distante. Os Estados Unidos, é certo, se haviam expandido sobre o território do vizinho México (mas, então, em décadas passadas) e intervinham sem pudores na América Central, no Caribe e mesmo no norte da América do Sul. Mas, ao mesmo tempo, com a doutrina Monroe, resguardavam as Américas do imperialismo europeu. Nabuco e Rio Branco enxergavam, com acerto, um poder regional que conseguia isolar o continente da ação europeia. O Brasil devia inserir-se nesse hemisfério americano onde, graças a seu peso específico relativamente maior e à grande distância geográfica dos Estados Unidos, desfrutaria de uma relativa autonomia.[3] Para os dois promotores da "aliança não escrita", essa opção pautava-se pelo pragmatismo. Tratava-se de transformar necessidade em virtude. Nabuco, antes um crítico virulento da aproximação com os Estados Unidos, não poderia ser mais claro quando explicou que:

> (...) nossa aproximação com os Estados Unidos é uma política que tem (...) a maior de todas as vantagens que possa ter qualquer política – a de não ter alternativas, a de não haver nada que se possa dar em lugar dela, nada que se lhe possa substituir porque a política de isolamento não é uma alternativa e não bastaria para os imensos problemas que espera o futuro deste país (Nabuco apud Ricupero, 2005, p.121).

---

3 Essa visão fica absolutamente clara nas instruções que Rio Branco enviou a Nabuco em 10 de março de 1906 sobre a preparação da III Conferência Pan-Americana. O Barão dizia: "Pensamos que o monroísmo será geralmente aceito para o fim de se declararem todos unidos no pensamento de impedir qualquer expansão colonial ou tentativa de conquista europeia neste continente, excetuado do monroísmo o caso de qualquer ocupação bélica temporária como represália, e em defesa da honra ultrajada ou de interesses legítimos de alguma nação europeia. Acreditamos que nem mesmo os Estados Unidos com os seus imensos recursos poderiam eficazmente exercer a polícia amigável ou paternal que desejariam exercer, salvo no Mar das Antilhas" (apud Lins, 1996, p.482).

No entanto, Rio Branco reescreveu a narrativa das relações entre o Brasil e os Estados Unidos de modo a diferenciar sua política dos primeiros rasgos de americanismo de Quintino Bocaiuva, Salvador de Mendonça e outros republicanos. Se para os líderes republicanos o americanismo era a afirmação de uma visão contrária à monarquia (recorde-se a argumentação do Manifesto de 1870), Paranhos passou a difundir uma imagem, que não correspondia à realidade, de continuidade de relações estreitas entre os dois países desde a fundação do Império. Amenizava-se a ruptura representada pela mudança de regime pelo embaçamento da tradição de distanciamento e, inclusive, momentos de conflito, como no caso da questão da navegação da bacia do Amazonas e do reconhecimento dos Confederados como beligerantes. Também na política externa, a despeito das suas transformações, consolidava-se o que Lima Barreto chamou, com acuidade, de "república dos conselheiros". Desse modo, Rio Branco destruía a identificação do americanismo com a República *em contraposição ao Império*, em um movimento de conciliação que se repetiu em um continuado esforço de valorizar a diplomacia imperial e projetá-la sobre o novo regime. A ideia de permanência servia também ao esforço de representar a política externa como uma política de Estado, acima e além das paixões. A progressiva pacificação interna favorecia essa releitura e o esquecimento das fortes clivagens ainda recentes.

De fato, ultrapassada a grande turbulência dos anos de Deodoro, Floriano e Prudente de Moraes, a partir da presidência de Campos Sales os conflitos internos amenizaram e um novo arranjo foi estabelecido, também francamente oligárquico como no Império. Mas, ao contrário da ordem saquarema, mais aberto à modernização. Os traços mais arcaicos do Antigo Regime finalmente eram superados. O fim da escravidão representou uma profunda mudança nas relações sociais e se traduziu em novas mentalidades. A modernização dava-se de modo rápido, ainda que com feições profundamente desiguais. O "bando de ideias novas" da geração de 1870, e a maior parte de seus promotores, encontrou seu lugar nessa "república dos conselheiros", mas os limites da abertura e da modernização das primeiras décadas republicanas não podem ser esquecidos. A economia mantinha-se atrelada ao setor agroexportador, com seus poucos produtos: café, açúcar, borracha e cacau. As classes subalternas já não podiam ser legalmente escravizadas, mas foram incluídas no sistema político como massa de manobra dos coronéis e chefetes locais. A progressiva pacificação da política nacional se traduziu na confirmação do poder das oligarquias regionais. Como no Império, a política funcionava em dois níveis. Na capital, a aparência de civilidade e funcionamento das regras do jogo democrático. No âmbito local, o exercício aberto da violência e do poder sem disfarces das oligarquias.

A consolidação interna abriu espaço para que o Barão pudesse reestruturar as grandes linhas da política externa em consonância com essa nova ordem. Uma política que, se em muitos aspectos tinha pontos de ruptura com o Império (que foram, progressivamente, minimizados), em outros era uma continuação da diplomacia saquarema. Como notou Lins (1996, p.338), "Rio Branco não teria podido realizar sua obra com uma política interna enfraquecida, com uma administração pública caótica, apática, falando em nome de um país sem ordem e sem o funcionamento regular das instituições".

Tanto no plano interno como no externo, a aparência de relação especial com os Estados Unidos servia a muitos fins, tanto ideológicos como práticos e, às vezes, muito concretos. No "episódio *Panther*", em fins de 1905, quando um navio de guerra alemão desrespeitou a soberania brasileira ao buscar um desertor em território brasileiro, a doutrina Monroe certamente serviu de elemento de moderação das atitudes do governo alemão, que encerrou a questão com um pedido de desculpas. A atitude dura e destemida do Barão, recebida com júbilo pela opinião pública, certamente levava em conta uma possível reação dos Estados Unidos a uma ação militar alemã contra o Brasil. Com esse desfecho feliz, a opinião pública brasileira pôde perceber de modo claro a importância da "aliança não escrita", que servia também como elemento a ser considerado na relação com os países vizinhos, pois "Washington foi sempre o principal centro de intrigas e dos pedidos de intervenção contra o Brasil por parte de alguns dos nossos vizinhos, rivais permanentes ou adversários de ocasião" (Rio Branco sob o pseudônimo de J. Penn, apud Ricupero, 2000, p.37).

A "aliança não escrita" alimentou-se de gestos de parte a parte, como a concessão de preferência alfandegária aos produtos estadunidenses, a partir de 1904, como compensação à livre entrada de produtos brasileiros em seu maior mercado. No plano político-diplomático, o Brasil alinhou-se aos Estados Unidos no rápido reconhecimento da independência do Panamá (1904), tema em que buscou, com sucesso, influenciar também a Argentina e o Chile. Do mesmo modo, alinhou-se desde o início com Washington na resistência à doutrina Drago, que impediria a cobrança por meios militares de dívidas dos governos latino-americanos.

De 1902 a 1906, os vínculos entre o Brasil e os Estados Unidos seguiram em um crescendo cujo auge teria como marco simbólico a III Conferência Pan-Americana, realizada no Rio de Janeiro. A realização do encontro trazia visibilidade para a remodelação urbana da capital brasileira e projetava a própria ideia de modernização e de aumento do prestígio internacional do Brasil. O então recém-construído Palácio de Saint-Louis (cuja estrutura tinha sido usada no pavilhão brasileiro em feira na cidade estadunidense) foi rebatizado como Palácio Monroe (demolido em 1976) para abrigar a Conferência, presidida pelo embaixador Joaquim Nabuco. A preparação para o evento foi cuidadosa e contou com a supervisão pessoal do Barão. A agenda do encontro foi concertada de modo a eliminar os temas controversos, como a doutrina Drago, a imposição de arbitragens sobre temas territoriais e a navegação de rios e lagoas internacionais.

A participação do secretário de Estado, Elihu Root, na primeira viagem internacional de um chanceler estadunidense em funções, deu um brilho especial ao evento, que correu sem percalços, ainda que sem nenhuma resolução de peso. Representou, no entanto, a afirmação da ordem interna brasileira e contribuiu ainda para a crescente influência de Rio Branco. Essa busca de prestígio internacional foi outra meta perseguida por Paranhos. Trata-se de um elemento muito caro à política externa do Segundo Reinado, que tinha como um dos seus componentes a ideia de que o Brasil estava, de alguma forma, acima de seus vizinhos em termos de civilização e de reconhecimento pelas potências internacionais. Nessa linha, Rio Branco já tinha resgatado os esforços do último gabinete monarquista e conseguido do Vaticano a criação do cardinalato brasileiro. O tema, objeto das preocupações da diplomacia do Império, havia sido abandonado no contexto da polêmica pela separação entre o Estado e a Igreja, promovida pelos republicanos. As acusações de anticatolicismo eram uma das armas monarquistas contra a República e a retomada da campanha por um cardeal brasileiro (na gestão do presidente Campos Sales, registre-se) contribuiu para a pacificação interna.

A Conferência de Haia, em 1907, apresentou-se como novo e decisivo teste para aferir o prestígio internacional do país. Nela, no entanto, o Brasil acabaria por se opor em pontos decisivos não só aos Estados Unidos, como às potências europeias. As posições adotadas surpreenderam aos que imaginavam que o Brasil seguiria o compasso de Washington. A participação do Brasil na Conferência de Haia também se enquadra no padrão de elaboração da doutrina com base nas necessidades imediatas. Em uma antecipação dos dilemas que permaneceriam presentes por muitas décadas (até hoje, na verdade), a constituição da Corte Permanente de Arbitragem apresentou de modo incontornável a questão da posição do Brasil em uma ordem internacional oligárquica. Na discussão do Tribunal de Presas Marítimas, a despeito dos protestos de Rui Barbosa e da fúria do Barão, o Brasil viu-se enquadrado em uma categoria inferior à que julgava de seu direito. O Brasil acabou sendo voto vencido na criação desse tribunal. Mas de muito maior alcance era a proposta de criação de uma Corte Permanente de Arbitragem, que se projetou na Conferência anterior, de 1899, para regular os conflitos internacionais. Tal como estava proposta, a Corte Permanente de Arbitragem consagraria uma oligarquia de grandes potências, com a exclusão do Brasil, enquadrado em uma classificação muito abaixo da que esperava, junto com seus vizinhos hispano-americanos e longe do rol das potências. A tese da igualdade dos Estados, defendida com brilhantismo por Rui Barbosa, foi um recurso, de certa forma improvisado, esgrimido na falta do reconhecimento de que o Brasil poderia participar da ordem oligárquica internacional como parte (ainda que subordinada) da oligarquia.

Para a desilusão dos que alimentavam a ideia de que o prestígio internacional do Brasil era evidente e reconhecido por todos, o país não foi incluído no rol das potências na constituição da Corte Permanente de Arbitragem. A Corte teria 17 membros, 9 deles permanentes e indicados pelas grandes potências, e os demais indicados em bases rotativas pelos demais países, por um período correspondente à categoria a que tivessem sido classificados. O Brasil foi indicado para uma humilhante terceira categoria. Rio Branco tentou, inicialmente, buscar fórmulas que assegurassem o lugar do Brasil entre os membros permanentes e chegou a propor que o tribunal fosse constituído por 21 membros, tendo os 15 países com população superior a 10 milhões de habitantes (inclusive o Brasil) direito a um lugar permanente. Só diante do insucesso dessas iniciativas que Rio Branco se rendeu às recomendações de Rui Barbosa e orientou seu embaixador a lutar pela noção da igualdade das nações. A ordem para o rompimento foi assim transmitida por Rio Branco a Rui Barbosa:

> Agora que não podemos ocultar a nossa divergência com a delegação americana, cumpre-nos tomar aí francamente a defesa do nosso direito e o das demais nações americanas. Estamos certos de que o há de fazer com firmeza e moderação e brilho atraindo para o nosso país as simpatias dos povos fracos e o respeito dos fortes. (Apud Viana Filho, 1981, p.369)

A oligárquica "república dos conselheiros" liderou uma revolta dos países excluídos do seleto círculo das grandes potências no seio da Conferência de Haia e inviabilizou a criação da Corte Permanente de Arbitragem. Em contraste com a tradição da diplomacia imperial, de *realpolitik*, privilegiou-se o direito internacional como a arma dos fracos contra os poderosos. Essa tradição recém-inventada para a política externa brasileira era, aliás, tão recente que nos primeiros debates da própria Conferência de Haia, quando se debateu a doutrina Drago, Rui Barbosa evitou condenar o suposto direito dos países credores de cobrar à força as dívidas dos devedores morosos, posição que o Brasil compartiu com os Estados Unidos e os países europeus contra a maioria dos países latino-americanos.

Do mesmo modo, no contexto puramente americano, Rio Branco apoiava o corolário de Roosevelt à Doutrina Monroe:

> Não vejo motivo para que as três nações da América do Sul – o Brasil, o Chile e a Argentina – se molestem com a linguagem do presidente Roosevelt e a do ex-ministro da Guerra, seu amigo particular. Ninguém poderá dizer com justiça que elas estão no número das nações desgovernadas ou turbulentas que não sabem fazer "bom uso de sua independência", ou a que deva ser aplicado pelos mais fortes o "direito de expropriação contra os povos incompetentes", direito proclamado há tempos pelo atual presidente

dos Estados Unidos. As outras Repúblicas latino-americanas que se sentirem ameaçadas pela "política internacional" dos Estados Unidos têm o remédio em suas mãos: é tratarem de escolher governos honestos e previdentes e, pela paz e energia no trabalho, progredirem em riqueza e força. (Apud Lins, 1996, p.319)

A posição principista adotada na Conferência de Haia foi uma reformulação das posturas e dos conceitos antes adotados pela diplomacia brasileira e ia de encontro às percepções do poder como condutor das relações internacionais, mais de uma vez exteriorizadas por Paranhos. Foi uma mudança ditada pela força das circunstâncias, em vista da constatação de que, fora do plano estritamente americano, o Brasil não contava com o reconhecimento que Rio Branco esperava conseguir. A consagração de um arranjo oligárquico que excluísse o Brasil era inaceitável, ainda que a ideia oligárquica, em si, que prevalecia na política interna, não necessariamente fosse considerada má ou indesejável.

Uma das chaves para entender o sucesso e a permanência do legado de Rio Branco é, justamente, desvendar a verdade oculta por trás de seu discurso sobre a separação da política externa da ordem interna. A política externa e a identidade que o país busca projetar dependem diretamente dos arranjos da política interna, ainda que, naturalmente, com matizes e filtros em muitos graus e sentidos. Para além do discurso e das aparências, Rio Branco promoveu o ajuste e a acomodação do externo ao interno. O reconhecimento e a aceitação de uma ordem internacional oligárquica não poderiam ser admitidos com a exclusão do Brasil do estreito círculo de beneficiários desse ordenamento, ainda que em posição algo subordinada. No plano estritamente americano, essa ideia funcionava bem, com base na "aliança não escrita", que diferenciava o Brasil de seus vizinhos hispano-americanos. No contexto sul-americano e americano, o Brasil sentia-se como parte do conjunto reduzido de países que deviam liderar os arranjos internacionais e a ordem oligárquica parecia um esquema natural e aceitável. Em um quadro mais amplo, com a participação das potências europeias, o peso relativo do país esvaziava-se e o Brasil corria o risco de ser acomodado em uma posição que parecia inferior à que as elites brasileiras esperavam obter. Em Haia, essa diferença entre as expectativas e a realidade ficou patente. Como mal menor, liderar a rejeição daquela ordem que ameaçava condenar o Brasil à inferioridade acabou sendo uma estratégia que rendeu frutos internos, com a consagração de Rui Barbosa como um dos principais protagonistas do conclave, e deu um papel de destaque para as posições brasileiras. A falta de apoio dos Estados Unidos às pretensões brasileiras e a atitude de rebeldia de Rui na Conferência certamente abalaram a "aliança não escrita", mas sem deixar que ela perdesse sua validade.

Os anos finais da gestão de Rio Branco ficariam marcados pela conclusão de sua obra na definição das fronteiras e pelas tensões nas relações com a Argentina, onde não faltaram golpes e contragolpes de grande efeito, como na questão do chamado telegrama nº 9. As questões de limites já estavam bem encaminhadas desde as arbitragens dos litígios com a Argentina (1895) e com a Guiana Francesa (1900). Com a Bolívia, resolveram-se pelo Tratado de Petrópolis (1903), com a ressalva dos direitos peruanos e a assinatura de um *modus vivendi* (1904). Com a Guiana Inglesa (1904), o laudo do rei da Itália não foi inteiramente favorável, mas encerrou a questão. Seguiram-se ajustes sem maiores problemas com a Venezuela (1905), com a Guiana Holandesa (1906) e com a Colômbia (1907). Em 1909 acordaram-se definitivamente as fronteiras com o Peru e, no mesmo ano, Rio Branco retificou os limites com o Uruguai, concedendo ao país vizinho o direito à navegação dos rios e lagoas limítrofes.

As discussões de limites, de um modo geral, seguiram as linhas e princípios definidos durante o Segundo Reinado. Mesmo a decisão de se apoiar em arbitragens internacionais, usadas nos

O evangelho do Barão

casos de Palmas, do Amapá e da Guiana Inglesa, tinha precedente na diplomacia de Pedro II, que assinou com a Argentina o tratado que conduziu ao arbitramento da disputa de limites na região de Palmas pelo presidente dos Estados Unidos. Manteve-se a diretriz de não se aceitarem negociações coletivas com os vizinhos, como no caso da fronteira com a Bolívia que também era disputada pelo Peru (e, mais remotamente, pelo Equador). O princípio do *uti possidetis*, consagrado como doutrina em fins da década de 1840, continuou sendo o norte dos negociadores brasileiros. As duas exceções a essa continuidade da política de limites da monarquia são, curiosamente, o primeiro (com a Bolívia) e o último (com o Uruguai) ajustes de limites estabelecidos por Rio Branco como chanceler.

No caso do Acre, a presença de uma grande população de brasileiros, cuja proteção a opinião pública exigia, foi o fator decisivo para o abandono do Tratado de 1867 como base para as negociações. Com as ponderações que se queria invocar, era um claro desvio do entendimento mantido até então sobre a fronteira com a Bolívia. A opção de submeter a questão a um processo de arbitramento, além de demorada, era arriscada em vista da precariedade dos títulos brasileiros sobre o território em litígio. Uma opção abertamente militar criaria um contencioso que poderia se arrastar por muitas décadas, como testemunhava então a questão dos territórios de Tacna e Arica tomados pelo Chile, um assunto, aliás, que persiste latente até hoje. A negociação direta, com a compra do território, matizada por pequenas compensações territoriais foi a solução escolhida por Rio Branco. Mas as críticas ao Tratado de Petrópolis foram intensas e assim persistiram até, pelo menos, o ajuste definitivo com o Peru, cuja solução poderia ter posto a perder os ganhos do ajuste com a Bolívia.

Em outubro de 1909, assinou-se o Tratado de Retificação de Limites entre o Brasil e o Uruguai, pelo qual era atendida a antiga reivindicação uruguaia sobre o direito de navegação e a jurisdição compartida nas águas da lagoa Mirim e do rio Jaguarão. A explicação dada por Rio Branco para essa concessão unilateral é de ordem puramente abstrata: "Se queremos hoje corrigir parte da nossa fronteira meridional em proveito de um povo vizinho e amigo, é principalmente porque este testemunho de nosso amor ao direito fica bem ao Brasil e é uma ação digna do povo brasileiro" (apud Ricupero, 2000, p.7). Na verdade, essa concessão se deu no contexto da discussão entre o Uruguai e a Argentina sobre a jurisdição fluvial no estuário do Prata e, em certo ponto, Buenos Aires chegou a reivindicar somente para si a soberania sobre as águas desse estuário, como era caso do Brasil em relação à lagoa Mirim e ao rio Jaguarão antes do tratado de retificação. O Uruguai estaria reduzido à "costa seca", ou seja, sem controle sobre as águas em frente de seu território no Prata. A soberania exclusiva da Argentina sobre o Prata daria a Buenos Aires o controle sobre a navegação dos rios da bacia até o Mato Grosso e oeste do Rio Grande do Sul, Santa Catarina, Paraná e São Paulo. Além de eliminar uma evidente aberração político-jurídica, a concessão unilateral brasileira da soberania compartida na lagoa Mirim e no rio Jaguarão desarmou um problema potencial de dimensões infinitamente maiores.

Mas, em realidade, com relação aos vizinhos hispano-americanos, a despeito de alguns momentos de tensão nas relações com a Argentina, a gestão de Rio Branco representou a assimilação da crítica da geração de 1870 e a consolidação de uma reversão da política da monarquia para o Prata, como no caso da "aliança não escrita" com os Estados Unidos. Desde a chegada de D. João VI, pelo menos sete campanhas militares de grande envergadura já haviam sido dirigidas ao Prata desde o Rio de Janeiro: 1811, 1816-1820, 1825-1828, 1851 (no Uruguai), 1852 (contra Rosas), 1864 (outra vez no Uruguai) e a Guerra da Tríplice Aliança (1865-1870). Conforme assinala Doratioto (2000, p.131), Rio Branco "estabeleceu política coerente, segura e inovadora em relação aos países sul-americanos, particularmente no Rio da Prata". Para ele, dois "princípios inovadores" norteavam essa política: "o de abstenção nos assuntos internos das nações vizinhas e o de favorecer a estabilidade política regional, prestigiando os governos constitucionais, quaisquer que fossem eles". De fato, em repetidas crises internas no Uruguai e no Paraguai, o governo brasileiro se absteve de apoiar abertamente qualquer das facções em luta, a despeito da suspeita de interferência velada da Argentina.

Nesse sentido, Rio Branco inovou, inclusive, em relação aos governos republicanos que o antecederam. A despeito de gestos de americanismo extremo, como o acordo para a divisão do território de Palmas, assinado por Bocaiuva, ainda durante o governo Floriano, verificam-se intromissões na política interna paraguaia para favorecer facções pró-brasileiras. Pode-se arguir, com grande propriedade, que a nova atitude não intervencionista era derivada da relativa fraqueza militar do Brasil frente à Argentina. Mais uma vez, transformou-se a necessidade em virtude. Ainda assim, houve momentos de grande tensão nas relações bilaterais em vista da reação argentina ao programa de rearmamento naval brasileiro. A tensão dissipou-se com a posse de Roque Sáenz Peña, em 1910, mas não sem antes ter atingido um tom emocional com o episódio do telegrama nº 9. Datado de 17 de junho de 1908, esse telegrama, dirigido à legação brasileira em Santiago, foi interceptado pela chancelaria argentina. Decifrado equivocadamente, revelou um texto que comprovaria as intenções hostis do Brasil para com a Argentina. Estanislao Zeballos, recém-demitido do cargo de chanceler, tornou público o texto tal como havia sido decodificado, como um grande golpe de efeito contra o Brasil e contra Rio Branco, seu velho adversário desde Washington, onde havia advogado sem sucesso a causa argentina na questão de Palmas há mais de uma década. Com grande estardalhaço, Rio Branco divulgou publicamente o código brasileiro e revelou-se que o conteúdo real do telegrama em nada hostilizava a Argentina ou qualquer outro país. Uma vez mais, o Barão exibiu sua maestria no manejo da opinião pública e soube dar ao desfecho que o favorecia uma intensa repercussão na imprensa brasileira e regional.

O relativo enfraquecimento do Brasil no Prata, diante do fortalecimento da Argentina, tradicional rival, e do Chile, um aliado do Império mas com relações menos intensas com o novo regime, não poderia escapar a Rio Branco. Uma política intervencionista seria o caminho para um conflito armado para o qual faltavam preparação e determinação. Segundo Doratioto (2000, p.133), o projeto de Paranhos era "tornar a América do Sul espaço geopolítico de liderança brasileira, em consenso com a Argentina, não impositiva e desprovida de objetivos expansionistas ou intervencionistas". De fato, ao conjugar essa ideia com a busca de prestígio internacional, outra meta cara a Rio Branco, fecham-se as pontas de um discurso que transcende as limitações concretas de poder no cenário sul-americano e imagina e descreve o país em uma posição internacional (verdadeira ou não) acima desse contexto meramente local. Esse discurso propunha uma *fuite en avant* em vista da impossibilidade prática de uma política intervencionista como a do Império, diante do novo equilíbrio de forças da região. Na realidade, não sendo possível manter-se uma política intervencionista, essa ideia foi abandonada com a justificativa de que ela havia sido superada por já ter cumprido seus objetivos e pelo fato de que o Brasil estava se projetando além de sua região. Mas, ao contrário do discurso americanista da geração de 1870, essa formulação discursiva não se contrapõe nem condena o intervencionismo do Império, apenas o declara superado, como uma etapa já cumprida.

> Há muito a nossa intervenção no Prata está terminada. O Brasil nada mais tem que fazer na vida interna das nações vizinhas (...). O seu interesse político está em outra parte. É para um ciclo maior que ele é atraído. Desinteressando-se das rivalidades estéreis dos

países sul-americanos, entretendo com esses Estados uma cordial simpatia, o Brasil entrou resolutamente na esfera das grandes amizades internacionais, a que tem direito pela aspiração de sua cultura, pelo prestígio de sua grandeza territorial e pela força de sua população. (Apud Ricupero, 2000, p.53)

A transformação da política não é negada, mas ao contrário das críticas dos republicanos ao intervencionismo e militarismo do Império, a mudança é reapresentada como uma evolução natural e transposição para uma nova etapa. Outra vez, as políticas do regime deposto são revalorizadas no discurso de Rio Branco. As duras críticas feitas, desde 1870, contra o intervencionismo da política platina durante a monarquia e o esforço por romper com a política externa do Império, durante a primeira década republicana, transformavam-se em um consenso sobre a excelência e continuidade da política externa brasileira, para além da mudança de regime, acima das paixões partidárias. As graves contradições, descontinuidades e inconsistências nas orientações que foram adotadas ao longo dos quase 67 anos da monarquia são esquecidas em prol de uma visão idealizada da política externa que se calca nos anos de apogeu do Segundo Reinado, mas que parece projetar-se desde as quase sete décadas do Império sobre a política da República.

A alteridade da "república dos conselheiros" passou, cada vez mais, a ser projetada na desordem e no militarismo da primeira década republicana. O passado monarquista, cada vez menos ameaçador na medida do esmorecimento das correntes restauradoras, passou a ser revalorizado como um tempo de consensos e conciliação, valores que vão balizar também a nova oligarquia republicana. Mas é certo que nem sempre as políticas de Rio Branco gozaram do consenso que sua imensa popularidade projetava. A aprovação do Tratado de Petrópolis não foi tarefa fácil. O tratado com o Uruguai também despertou polêmicas, mas em 1909 a posição de Rio Branco já se achava suficientemente consolidada para superar mais facilmente as críticas à concessão unilateral feita a Montevidéu.

Em outros temas, a diplomacia de Rio Branco foi menos atuante. Sua visão sobre a diplomacia e a política externa era eminentemente política. Os temas econômicos, comerciais e de imigração, por exemplo, eram reconhecidos como importantes, mas não necessariamente dentro da esfera da chancelaria. Com a grande autonomia concedida aos estados da federação no início da República, muitas vezes esses temas foram manejados diretamente pelos governos dos estados mais poderosos, especialmente São Paulo e Minas Gerais. Rio Branco mostrou um notável alheamento de muitas das questões comerciais e financeiras, a despeito de sua experiência de muitos anos como chefe de um dos mais importantes consulados brasileiros da época. É verdade que a Constituição de 1891 concedia ampla margem de independência aos estados da federação, que podiam contratar empréstimos externos sem a intermediação ou o aval do governo central, bem como criar impostos sobre os produtos exportados de sua produção. As iniciativas de sustentação dos preços do café, assim, eram tratadas sem a intervenção do governo federal, como foi o caso do convênio de Taubaté, em 1906, quando o governo paulista obteve um empréstimo externo da ordem de um milhão de libras. Mas, no ano seguinte, foi necessário o apoio do Rio de Janeiro para garantir um novo empréstimo, desta vez de três milhões de libras.

Não havia, é certo, uma tradição de envolvimento ativo do corpo consular nas atividades de promoção comercial e, concretamente, mais nos deixávamos comprar do que participávamos de forma ativa na promoção da oferta dos produtos brasileiros. Mas já havia uma forte discussão sobre a necessidade de uma atuação mais proativa na área econômico-comercial. Oliveira Lima foi um dos propagandistas desse novo enfoque, inclusive como forma de criticar indiretamente o Barão, seu desafeto desde que este lhe negara uma remoção para uma capital europeia no início de sua gestão no Ministério. De todo modo, para Oliveira Lima:

> O diplomata ideal dos nossos dias (...) é o que souber redigir uma nota num francês sem asneiras, formular uma informação, concisa e luminosa, à consulta urgente de um ministro de Estado e explorar o mercado mais promissor e mais vantajoso para nossos gêneros de exportação. Não se aprendem, porém, línguas estrangeiras com a simples leitura de passaportes, nem se disseminam borracha, açúcar, algodão e café enfiando meias de seda para ir a concertos de *Buckingham Palace* ou envergando uma casaca irrepreensível nos *cotillons* de *Newport*. (Apud Almeida, 2002, p.257-8)

Foi apenas após a morte de Rio Branco, em 1918, na reforma de Nilo Peçanha, que se criou na chancelaria a "Seção de Negócios Econômicos e Comerciais". Essa reforma buscou atender a quatro objetivos: a) apoiar a expansão do comércio exterior; b) melhorar a propaganda e a colocação de produtos brasileiros no mercado externo; c) criar novos mercados de exportação e ampliar os existentes; d) tornar o corpo consular agente propulsor do comércio exterior. Criou-se um incentivo pecuniário para o trabalho comercial dos cônsules na forma de um adicional "igual à percentagem do aumento da exportação brasileira no último ano (...) uma vez que prove que esse aumento foi devido aos seus esforços" (Castro, 1983, p.239-40).

Outro ponto-chave das relações internacionais do Brasil no início do século XX sobre o qual se nota um relativo silêncio da chancelaria é a questão da imigração. Aos 14 milhões de habitantes do Brasil em 1889, quando terminou a monarquia, vieram juntar-se mais de 1,7 milhão de imigrantes (especialmente italianos, portugueses, espanhóis e alemães) até 1910, quando esse fluxo começou a diminuir sensivelmente. Assim, os esforços para a atração de colonos e as recorrentes tensões com os países de origem foram especialmente intensos nos anos iniciais do período republicano, mas sem que a participação da chancelaria nesse processo tenha sido especialmente destacada.

Ainda no plano do comércio internacional, note-se que a República superou a relutância estabelecida durante as Regências em dar concessões comerciais especiais a um determinado parceiro em detrimento dos demais. Essa política derivava da crítica ao "sistema de tratados" do Primeiro Reinado e fazia parte do receituário saquarema. O grande beneficiário dessa ruptura na orientação tradicional foi, como seria de se esperar, os Estados Unidos. Ademais do atabalhoado acordo firmado por Salvador de Mendonça, de curta vigência, como compensação da livre entrada do café, da borracha, do fumo e outros produtos no mercado estadunidense, foi concedida, em 1904, uma redução de 20 por cento às importações vindas dos Estados Unidos, elevada a 30 por cento a partir de 1910 no caso da farinha de trigo. A "aliança não escrita" também tinha sua dimensão comercial.

As preferências dadas aos Estados Unidos não seriam estendidas a outros parceiros comerciais, nem mesmo em nome de um americanismo mais amplo. Em 1907, as solicitações argentinas de um tratamento preferencial, pelo menos ao mesmo nível do dado aos Estados Unidos, foram recusadas. O Barão comentaria:

> Não basta que um país suprima os direitos sobre o café para que fiquemos obrigados a tratá-lo no mesmo pé de igualdade com os Estados Unidos. É necessário que um tal país nos compre café em quantidades que ao menos se aproximem da que nos compram os Estados Unidos. (...) Somos e queremos ser sempre bons amigos da Argentina, mas questões de intercâmbio comercial não são questões de amizade, e para a nossa exportação a Argentina está muito longe de ser o que são os Estados Unidos. Não é o Brasil que tem de dar compensações ao fraco comprador que é para nós a República Argentina; é ela que deve dar compensações ao grande comprador de produtos argentinos que é o Brasil (Apud Ricupero, 2000, p.59).

O evangelho do Barão

Em 20 de abril de 1909, uma pequena multidão reuniu-se para comemorar o 64º aniversário do Barão do Rio Branco. Seu nome circulava como um possível candidato à presidência da República e as festividades em torno de seu natalício pareciam confirmar o lançamento de sua postulação ao cargo de presidente, hipótese que Paranhos insistia em negar, pois ele entendia que lhe "faltavam as aptidões e qualidades brilhantes que se requerem nos combatentes dos partidos políticos".[4] O presidente Afonso Pena já havia dado sinais, desde fins do ano anterior, de que apresentaria o nome de David Campista, seu ministro da Fazenda, como seu sucessor. Rui Barbosa, fortalecido por seu protagonismo na Conferência de Haia, também despontava como uma opção.

A despeito dos esforços do presidente Afonso Pena, a candidatura de David Campista não obteve respaldo nas oligarquias dos grandes estados que dominavam a política nacional e, em maio de 1909, o impasse foi rompido com a apresentação do nome de Hermes da Fonseca, apoiado pelo poderoso senador Pinheiro Machado. Afonso Pena acabou por endossar o nome de seu ministro da Guerra, mas Rui Barbosa não aceitou a candidatura de Hermes e iniciou uma campanha para impor Rio Branco como candidato de conciliação. O Barão, mais uma vez, recusou. A morte de Afonso Pena e sua substituição por Nilo Peçanha não alteraram o quadro político: a mais intensa e disputada campanha eleitoral vista até então dividiu o Brasil em hermistas e civilistas, estes em apoio da candidatura de Rui Barbosa, que se lançou candidato contra o marechal. Na eleição de março de 1910, Rui Barbosa alcançou expressiva votação na Bahia, em São Paulo, em Pernambuco e em parte do Rio de

---

4 Trecho de discurso de agradecimento de Rio Branco durante os festejos de 20 de abril de 1909. Para Joaquim Nabuco, entretanto, a "demonstração do dia 20 parece com efeito o lançamento da candidatura de nosso amigo" (apud Lins, 1996, p.410).

Janeiro e de Minas Gerais, mas perdeu as eleições para Hermes da Fonseca.

A discussão sobre a possível candidatura de Rio Branco, negada publicamente pelo próprio, dá uma ideia da dimensão que seu nome alcançou no panorama político brasileiro de então. Acabou confirmado no cargo de chanceler por Nilo Peçanha e, depois, pelo próprio marechal Hermes e faleceu, em 1912, ainda como ministro das Relações Exteriores. O fato é que, ao fim dos pouco mais de nove anos de sua gestão frente ao Ministério das Relações Exteriores, a autoridade de Rio Branco sobre os assuntos de sua pasta era incontrastável. Essa herança projetou-se para além da existência física de Paranhos. O grande sucesso alcançado pelo Barão tornou sua figura e suas ideias uma referência inescapável para seus sucessores. Na medida em que partiu sempre dos problemas concretos para a definição de suas políticas, não deixou um receituário pronto que pudesse ser aplicado sem maiores considerações. Esta é, talvez, uma das grandes chaves para explicar a permanência de seu legado por tantas décadas. Os muitos escritos de Rio Branco, em discursos, instruções aos postos no exterior e textos jornalísticos, assinados por ele ou sob pseudônimo, tratam de questões imediatas, sem a preocupação de consolidar qualquer tipo de doutrina. Possuem, portanto, um alto grau de ambiguidade e mesmo revelam contradições entre si. Desse corpo de textos podem-se, portanto, retirar diretrizes com grande liberdade interpretativa. Essas características, a legitimidade e a ambiguidade criaram uma referência que ganhou permanência, como um evangelho em que a verdade revelada não deve ser discutida, mas pode ser interpretada, às vezes, com muita liberdade.

Ancorar determinada decisão em uma suposta sintonia com as ideias do Barão tornou-se estratégia de legitimação das políticas de seus sucessores. Essa estratégia encontra amparo na grande ambiguidade do "evangelho do Barão". Assim, como ressaltou Goes Filho (2002, p.133):

O evangelho do Barão

Como fez muito e foi vitorioso em quase tudo, seus sucessores procuram, com mais ou menos razão, atribuir-lhe suas iniciativas mais importantes. Alguns exemplos: Oswaldo Aranha, ao pleitear que o Brasil entrasse na Segunda Guerra Mundial ao lado dos Estados Unidos, sempre alegava o precedente de Rio Branco; Mario Gibson Barboza defendia o decreto das 200 milhas de costa brasileira também como extensão da obra de fechamento das fronteiras de Rio Branco; Celso Lafer vê em Rio Branco o precursor dos ministros que, como ele, dão grande prioridade à política de estreitar relações com a Argentina; o Mercosul, sem dúvida, é um projeto de Rio Branco...

Essa enumeração poderia seguir um sem-fim de exemplos de decisões, grandes ou pequenas, coerentes ou não, que os sucessores do Barão jogaram nas costas de Rio Branco, como fiéis intérpretes de seu evangelho. Assim, a tentativa de resenhar os pontos do legado do Barão em termos de políticas a serem seguidas é um exercício fútil. Mas, é imprescindível reconhecer a relevância desse legado. Mais importante que os aspectos substantivos dessa herança é ressaltar a consagração de algumas fórmulas diplomáticas de Rio Branco e do lugar social da política externa e do corpo diplomático dentro do Estado brasileiro e sua relação com a sociedade civil. Não por acaso, como lembrou Ricupero (1986, p.15), morto Paranhos, dizia-se da diplomacia brasileira dos anos 1920 que ela se assemelhava ao escritor português Latino Coelho, de quem se dizia ser "um estilo à procura de um assunto".

A noção de relativa independência da política externa em relação às lutas internas também exerceu uma influência positiva na progressiva profissionalização do corpo diplomático brasileiro, consolidada bem antes da maior parte dos demais estamentos burocráticos da máquina estatal brasileira. De modo circular, esse fortalecimento e a continuada percepção de excelência dos quadros diplomáticos, que inclusive passam a servir em postos-chave de outras áreas do Estado, contribuíram para a manutenção dessa ideia de insularidade da política externa e de seus quadros em relação à política interna, a despeito das muitas provas em contrário.

A ideia da existência de um conjunto de doutrinas e práticas legadas pelos anos de Rio Branco foi, por muito tempo, um recurso ao encontro dessa estratégia. Mesmo modificações estruturais na política externa, como por exemplo sua instrumentalização em prol do desenvolvimento econômico e da industrialização, a partir da Era Vargas, foram acomodadas como se fossem partes do "evangelho do Barão". O que dizer, por exemplo, da Operação Pan-Americana, proposta e impulsionada inclusive desde fora do Itamaraty? Mas, de fato, a ruptura explícita com essa noção de uma política externa de caráter "nacional", acima e além das disputas da política interna, só vai se dar décadas depois, em condições internas e internacionais totalmente diferentes. As diretrizes de Rio Branco só foram explicitamente desafiadas com a chamada Política Externa Independente, na década de 1960, e principalmente com base em um aspecto específico, cuja repercussão na política interna era incontornável – a relação com os Estados Unidos.

A polarização trazida pela Guerra Fria e a posição a ser adotada diante de questões como a iniciativa estadunidense de suspender Cuba da Organização dos Estados Americanos trouxeram para o primeiro plano da política interna os debates sobre as relações com os Estados Unidos. Em muitos momentos, a defesa ao alinhamento, simbólico e prático, com as orientações emanadas de Washington tomou como argumento a necessidade de prestar obediência a uma suposta orientação dada por Rio Branco. Essa visão foi propagada ainda que essa opção por uma submissão aos desejos dos Estados Unidos nunca tenha sido uma política adotada pelo Barão, um pragmático antes de tudo e que tinha como meta a preservação do maior grau de autonomia possível dentro das possibilidades do cenário internacional do momento. Com Jânio Quadros e João Goulart a oposição a certas diretrizes da política estadunidense tornou-se inocultável, como foi a simpatia com que foi vista em Washington a deposição de Goulart. De todo, a despeito da rápida reversão a uma política de alinhamento com os Estados Unidos durante a gestão de Castelo Branco, ainda durante os governos militares, as discrepâncias com Washington tornaram impossível a retomada da aliança não escrita atribuída ao evangelho que teria sido revelado por Rio Branco.

O Barão e a nacionalidade[1]

Entre 1949 e 1950, inaugurou-se na *Washington National Cathedral* um conjunto de vitrais para representar a harmonia da política externa estadunidense com seus principais aliados: a Inglaterra, o Canadá e a América Latina. O vitral dedicado à Inglaterra está dominado por uma representação de Cristo, de costas, com fiéis reunindo-se em procissão e imagens de eventos do *English Prayer Book* (1549). O vitral dedicado ao Canadá traz São Lourenço ao centro, rodeado de figuras da história canadense. O terceiro vitral está oficialmente dedicado à América do Sul, mas se pode supor que, no contexto do espírito pan-americanista promovido pelos Estados Unidos, represente a América Latina.[2] Trata-se de um tríptico com uma imagem de Simón Bolívar ao centro, em trajes militares e com a mão direita

---

1 Uma versão deste capítulo foi publicada na revista *Tensões Mundiais*, v.6, n.10, jan./jun. 2010.

2 A suposição ocorre porque não há no mural referências ao México ou a países centro-americanos ou do Caribe. Apenas bandeiras dos países sul-americanos estão presentes no vitral. A confusão entre as ideias de América do Sul e América Latina era bastante comum, uma vez que este

na espada ainda embainhada. Há referência ao encontro do Panamá, em 1826, como o Primeiro Congresso Pan-Americano.[3] O vitral à esquerda traz a figura de San Martín, também em trajes militares, empunhando sua espada. À direita de Bolívar, encontramos uma representação do Barão do Rio Branco, ainda moço, vestido com o fardão diplomático, segurando dois documentos, num dos quais se pode ler o lema adotado por Rio Branco: "*Ubique Patriæ Memor*" (onde estiver, sempre pensando na pátria).

A escolha dos três personagens para representar as nações sul-americanas e o próprio contexto da sacralização dessas figuras emblemáticas em vitrais de uma catedral estrangeira merecem uma reflexão. Salta à vista, de início, o aparente artificialismo de reunir Bolívar e San Martín a Rio Branco. Dois militares e um diplomata, que inclusive nem pertencem à mesma geração. O argentino José Francisco de San Martín nasceu em 1779 e morreu em 1850, mas esteve efetivamente afastado da política desde 1824, em exílio voluntário na Europa. Simón Bolívar nasceu em 1783 e morreu em 1830. Rio Branco, por sua vez, nasceu em 1845 e morreu em 1912, já bem avançado o século XX. Portanto, quando Rio Branco nasceu, San Martín e Bolívar já estavam afastados da política (Bolívar já morto) há mais de uma década. Rio Branco, inclusive, só alcançou alguma notoriedade muito depois, quando se divulgou o laudo sobre o território de Palmas. A partir daí, Rio Branco experimentou uma intensa atividade política, até sua morte, em 1912. Bolívar e San Martín, por sua vez, viveram seu auge na década de 1820. Ou seja, quase um século separa Rio Branco de seus vizinhos de vitral.

---

segundo conceito só vai ficar firmemente estabelecido depois da fundação da Comissão Econômica para a América Latina e o Caribe (Cepal), em 1948.

3 Naturalmente, o termo "pan-americano" está aplicado incorretamente, pois essa palavra só foi adotada a partir de 1882 e, assim, o primeiro encontro efetivamente "pan-americano" foi a Conferência de Washington, de 1889-1890, ainda que tenham sido realizados vários congressos e encontros "americanos" no curso do século XIX (ver, a respeito, Santos, 2004).

Chama a atenção, também, o próprio fato de essas personagens históricas estarem, de certa forma, sacralizadas nos vitrais de uma catedral. Essa confusão entre história e religião está ausente no vitral dedicado à Inglaterra, protagonizado pela figura de Cristo, e apenas insinuada na representação em homenagem ao Canadá, em que São Lourenço se destaca frente às personalidades históricas. No vitral sobre a América do Sul, história e culto parecem confundir-se. Mais precisamente, a metáfora do nacionalismo como religião não poderia estar mais bem retratada do que nesse caso.

De fato, Bolívar e San Martín ocupam, curiosamente em vários países,[4] um justo e indiscutível lugar no panteão dos pais da pátria. A posição de Rio Branco é, sem dúvida, menos clara, e justamente essa ambiguidade nos traz pistas importantes para compreender o caráter peculiar do desenvolvimento do nacionalismo no Brasil.

A defasagem no tempo entre os *"padres de la patria"* hispano-americanos (e os *founding fathers* estadunidenses) e Rio Branco dá uma noção do quanto o nacionalismo brasileiro foi tardio em relação a seus similares americanos. Os próceres das nações hispano-americanas – Bolívar, San Martín, O'Higgins, Sucre, Santander, entre outros – estão situados no início do século XIX e são antecedidos em cerca de meio século por suas contrapartes estadunidenses – Washington, Adams, Jefferson, Franklin etc. No Brasil, a definição dos "fundadores" da nação é muito mais ambígua e se estende, de modo impreciso, de Tiradentes a Rio Branco (talvez, até mesmo, a Getúlio Vargas), passando pelos dois imperadores e por José Bonifácio. Ou seja: do século XVIII ao XX.

---

4 Já indiquei em outro texto (Santos, 2009) o caráter contraditório dos nacionalismos hispano-americanos, em que a ideia de identidade comum e integração regional surge de forma concomitante com a progressiva desagregação da unidade territorial da ex-colônia espanhola e da afirmação das diversas nacionalidades particulares.

A importância de Rio Branco, um diplomata, responsável pela definição das fronteiras do país, no rol dos santos da nacionalidade brasileira, tão bem retratada no vitral da *Washington National Cathedral*, fornece uma pista para outra característica marcante do nacionalismo brasileiro: a importância do território, sua grandeza e integridade, como mito primordial na construção intelectual da identidade nacional. As bases que a inexistência de um núcleo étnico comum e de uma história compartida negavam para uma "brasilidade" que estava sendo inventada acabaram sendo supridas pela atribuição da identidade à natureza e ao território. Nesse contexto, Rio Branco, o *Deus Terminus* das fronteiras, nas palavras de Rui Barbosa, cai sob medida no papel de pai da pátria.

A ambiguidade do Barão em relação à República serve também de retrato para a longa gestação dinástica do nacionalismo brasileiro, um caso único no continente americano. Paranhos seguiu sendo um monarquista convicto, mesmo que só tenha alcançado o auge de seu sucesso já no regime republicano. Ainda assim, ele manteve sua identidade aristocrática, inclusive com o uso ostensivo do título nobiliárquico, abolido pela República. Como em muitos casos na Europa, no Brasil houve uma tentativa de aproximar a dinastia à nação. Se no Velho Continente ocorreram sucessos e fracassos, no Brasil, o insucesso dessa iniciativa acabou patente.

O desenvolvimento do sentimento nacional no Brasil, em bases modernas, só se completou com a superação das relações sociais e do imaginário do Antigo Regime, que, ao contrário dos demais países americanos, não padeceram de um golpe súbito no momento da independência política. O longo período de legitimação do Estado em bases dinástico-religiosas, ainda que estas estivessem progressivamente sendo minadas, fez da proclamação da República outro marco importante para o desenvolvimento do sentimento nacional no Brasil. O 15 de Novembro marcou o fracasso da tentativa de fazer a dinastia representar a nação e deixou clara e inadiável a necessidade de construir uma identidade brasileira em bases modernas. Nesse contexto, a ação vitoriosa de Rio Branco na definição das fronteiras foi um elemento de fundamental importância para a afirmação do discurso e da legitimidade do Estado em bases plenamente nacionalistas. Identificado com a consolidação das fronteiras, Rio Branco qualificou-se, nesse contexto muito peculiar de um nacionalismo tardio em relação a seus vizinhos, como um dos pais fundadores da nacionalidade, quase um século depois da independência política, exatamente porque a própria nacionalidade foi, no caso brasileiro, uma conquista tardia e o Estado se legitimou em bases pré-nacionais por muitas décadas.

Em seu conhecido livro *Imagined Communities – Reflections on the Origin and Spread of Nationalism* ("Nação e Consciência Nacional", em português), Benedict Anderson (1989) defendeu a tese de que a Revolução Francesa e as independências das colônias inglesas, espanholas e portuguesas criaram, nas Américas, um modelo de nação que foi copiado e adaptado pelos demais movimentos nacionais (mesmo os europeus) a partir do século XIX. A tese de Anderson sobre a precedência histórica das nações americanas como modelos para os Estados-nação que se seguiriam não é – como se sabe – consensual. Hastings (2001) e Greenfeld (1992), por exemplo, apontam a Inglaterra como o "primeiro" Estado-nação, já no século XVII, seguida por Holanda, Espanha, França, Dinamarca, Suécia e Portugal. A importância e antiguidade de um núcleo étnico primitivo também são temas de muitos debates e Smith (2004, p.79) relembra que, "por um lado, as nações não são sempre imemoriais nem recorrentes e, por outro, tampouco são todas recentes e novas, nem meros produtos da modernização".

Passando ao largo desse debate, há um considerável consenso de que, *no caso específico das nações americanas*, o nacionalismo é um fenômeno moderno, cujas origens situam-se no século XVIII nos Estados Unidos e na virada para o século XIX nos países hispano-americanos. Ao buscar sua autonomia das metrópoles europeias, as lideranças dos movimentos independentistas americanos acabariam por definir seu projeto político em bases já nacionais. O exemplo brasileiro constitui-se em uma exceção a esse padrão: após uma longa gestação em bases dinásticas, a identidade brasileira só assumiria bases propriamente nacionais no período republicano. O caráter tardio do nacionalismo brasileiro e seu percurso peculiar, inclusive, trazem elementos importantes para a compreensão de sua robustez e sua ampla disseminação em um território de proporções continentais e uma população extremamente diversa, com imensas disparidades regionais, sociais e de condições de vida.

O longo período dinástico permitiu a convivência de muitas protonacionalidades (pernambucana, mineira, paulista, gaúcha etc.) em uma mesma unidade política. Essa convivência certamente foi problemática, como comprovam as diversas revoltas regionais antes e, principalmente, depois da independência de Lisboa. Em todo caso, a despeito das marcantes diferenças, essa convivência acabou por se provar possível, pois após a separação de Portugal, a identidade do território e da população continuou a se dar na forma dos laços verticais que unem os súditos das diversas províncias com o soberano, nos moldes do Antigo Regime – situação em que não importa o quanto cultural ou socialmente diferentes os súditos sejam entre si, mas sim sua condição comum de súditos de um mesmo senhor. A ideia de nacionalidade, em contraste, pressupõe uma identidade "horizontal", cultural ou étnica, entre os membros da nação.

No entanto, no resto do continente americano, esses sentimentos de identificação "horizontal" tomavam corpo, movidos por uma transformação das formas de conceber e legitimar o poder. No desenvolvimento desse novo imaginário, como apontou Anderson, a difusão da imprensa e a circulação de notícias foram um fator-chave na criação de uma ideia de simultaneidade que unisse os membros das "comunidades imaginadas" que se estavam inventando.

O desenvolvimento tecnológico dos meios de comunicação de massa, que apenas engatinhavam no início do século XIX, teria uma relação direta com o tamanho possível das nações que então surgiam. Ao contrário dos impérios unidos pelo princípio dinástico, os nacionalismos precisavam criar um sentimento de comunidade. Anderson atribuiu ao nível geral de desenvolvimento do capitalismo e da tecnologia na virada para o século XIX o fracasso do esforço de gerar um nacionalismo de âmbito hispano-americano que alcançasse transformar toda a ex-colônia espanhola em uma única nação. Em conclusão que extrapola o caso hispano-americano, ele resume: "A época da história mundial em que nasce cada nacionalismo tem, provavelmente, um impacto significativo sobre seu alcance" (Anderson, 1989, p.74).

No caso estadunidense, o núcleo inicial das Treze Colônias, ademais de consideravelmente mais integrado, compreendia uma área menor do que a Venezuela. A expansão territorial dos Estados Unidos se daria *pari passu* com a do poder irradiador da comunidade imaginada criada a partir das Treze Colônias.

> Contudo, mesmo no caso dos Estados Unidos, há elementos de "fracasso" ou retração comparáveis [com a experiência hispano-americana] – a não incorporação do Canadá de fala inglesa, a década de soberania independente do Texas (1835-1846). Se, no século XVIII, tivesse existido uma comunidade de fala inglesa de bom tamanho na Califórnia, não seria provável que tivesse surgido ali um Estado independente, para atuar como uma Argentina em relação ao Peru das Treze Colônias? Até mesmo nos Estados Unidos, os laços afetivos de nacionalismo foram suficientemente elásticos, associados à rápida expansão da fronteira oeste e às contradições geradas entre as economias do norte e do sul, a ponto de precipitar uma guerra de secessão *quase um século depois da Declaração de Independência*; e, hoje, essa guerra nos faz lembrar vivamente as

que separaram violentamente a Venezuela e o Equador da Grã-
-Colômbia, e o Uruguai e o Paraguai, das Províncias Unidas do Rio
da Prata. (Anderson, 1989, p.75 – grifo no original)

A correlação proposta por Anderson entre o nível tecnológico do momento de sua constituição e o alcance, inclusive
territorial, dos nacionalismos está bem ilustrada nos três
(principais) casos americanos: o contraste entre a fragmentação
hispano-americana e a unidade estadunidense, tendo como con-
traponto o caso brasileiro em que a opção pela monarquia adiou
a necessidade de criar um sentido de comunidade – ou, pelo
menos, colocou-a em outras bases. A permanência da escravidão
e o relativo sucesso da monarquia na manutenção das relações
sociais e os equilíbrios regionais (inclusive por meio de uma
ampla autonomia dada às elites de cada região em seus assuntos locais) permitiram a superação das tendências separatistas,
ainda que à custa de intervenções militares, quando foi o caso.

No entanto, não há dúvida de que, ainda que tenha falhado
na sua tentativa (no correr do Segundo Reinado) de se transformar em uma dinastia "nacional", a monarquia brasileira
conseguiu substituir os laços diretos das províncias com a
antiga metrópole pela referência ao Rio de Janeiro. Ela foi
responsável pela propagação de um sentimento de patriotismo que superou a lealdade às "pequenas pátrias" locais
e regionais em prol da ideia de uma pátria que abrangesse a
totalidade do território da antiga colônia. A noção de pátria
distingue-se do conceito de nação, pois a pátria tem contornos
mais indefinidos e se centra em uma noção de territorialidade,
ainda que difusa, enquanto a referência à nação pressupõe
laços afetivos horizontais com uma determinada comunidade.
A presença da escravidão excluía a possibilidade da criação de
laços horizontais entre os brasileiros, pois a dicotomia senhor/
escravo necessariamente se sobrepunha a qualquer sentimento de solidariedade que pudesse emanar da ideia de uma

suposta "brasilidade" comum. Do mesmo modo, na sociedade altamente hierarquizada do Império, as classes subalternas – índios, mestiços, brancos pobres e negros livres – não tinham um lugar na "nação" branca e excludente dos proprietários escravagistas. Assim, o desenvolvimento de um sentimento nacional brasileiro, como apego à comunidade imaginada por Anderson, foi um projeto desenvolvido apenas a partir da decadência do Império. Este, no entanto, foi o responsável pela criação do sentimento do Brasil como a pátria comum de seus habitantes, uma noção ausente antes da independência. Os laços verticais dos súditos com seu rei, ainda que os súditos tivessem poucas afinidades entre si, foram transferidos com sucesso da dinastia portuguesa para os imperadores brasileiros. As províncias, cujos laços entre si e com a capital da colônia muitas vezes eram tênues, transferiram sua lealdade de Lisboa para o Rio de Janeiro.

Mas, não existia no Brasil um verdadeiro sentimento de nacionalidade. A Guerra da Tríplice Aliança foi um momento em que até se experimentou uma rápida vaga de patriotismo, mas o conflito acabou sendo um testemunho da inexistência da força mobilizadora do nacionalismo, pelas imensas dificuldades de arregimentar a cidadania contra o inimigo externo, em um contexto em que a escravidão excluía automaticamente grande parte da população do corpo político e os membros da reduzida "nação" de homens brancos e latifundiários eram os menos prováveis candidatos a lutar por essa nação nos campos de batalha. O nacionalismo, como principal vínculo emotivo entre os brasileiros e base de sustentação política do Estado, estava ainda iniciando sua trajetória no Brasil. Desde várias décadas, já existia uma unidade política autônoma, reconhecida internacionalmente, chamada Brasil, porém seus habitantes não eram cidadãos, mas súditos do imperador. A Constituição, inclusive, além de excluir os escravos da cidadania, fazia distinção entre cidadãos ativos e passivos. Não há dúvida, porém, de que a monarquia propagou um sentimento de patriotismo que progressivamente superou a ligação de cada um com sua "pequena pátria" para uma ideia mais ampla de pátria, que englobava todo o vasto território do Império. Contudo, era impossível imaginar esse Estado territorial como uma nação.

Ainda assim, a queda do Império conduziu à proliferação de movimentos messiânicos e revoltas urbanas e à ressurgência das tensões regionais e ameaças separatistas. Viveu-se uma crise da legitimidade do Estado. Ainda que corroída, a legitimidade que a monarquia concedia ao Estado brasileiro estava sendo abandonada sem que já estivesse consolidado um novo consenso em torno da ideia de uma nação que unisse todos os brasileiros, a despeito das óbvias diferenças sociais e regionais. Em meio a essa crise de legitimidade do Estado, a construção do nacionalismo brasileiro foi uma das tarefas mais urgentes e importantes com que as primeiras gerações de intelectuais da República se defrontaram. Como ressaltou Carvalho (1990, p.32), a "busca de uma identidade coletiva para o país, de uma base para a construção da nação, seria tarefa que iria perseguir a geração intelectual da Primeira República". Rio Branco foi um dos artífices dessa transição, ao equacionar a questão das fronteiras, dando nova força ao principal mito de origem da identidade brasileira. Ademais, em meio a todas as crises e incertezas desse período de transição, as vitórias do Barão nas negociações de limites uniam todos os brasileiros, os quais podiam contrastar-se favoravelmente com os estrangeiros a quem Paranhos seguidamente "derrotava" nas negociações diplomáticas. A percepção de incremento do prestígio internacional do Brasil, traduzida em símbolos concretos e de grande visibilidade com suas sucessivas vitórias e a participação em grandes eventos internacionais, como a Conferência de Haia, e mesmo a realização de encontros internacionais no Rio de Janeiro, potencializava o orgulho nacional, matizando as diferenças internas e ressaltando uma identidade entre todos os brasileiros, a despeito de suas diferenças, em contraposição aos estrangeiros.

O caráter tardio do nacionalismo brasileiro acabará por ser uma vantagem em termos da consolidação do sentimento nacional. Superado o Estado dinástico, o nacionalismo brasileiro foi consolidado nas quatro primeiras décadas do século XX. Então, já se tornavam disponíveis meios de comunicação mais potentes, como o rádio (o programa *A Hora do Brasil* começou a ser transmitido em cadeia nacional em 1935), e a própria burocracia estatal passava a contar com instrumentos desconhecidos para os frágeis Estados do início do século XIX: o alistamento militar obrigatório, a difusão do ensino público, a proliferação de eventos cívicos e datas nacionais, a criação de estruturas burocráticas específicas (como o notório "Departamento de Imprensa e Propaganda", em 1939) etc. Ao contrário dos países vizinhos – que já no início do século XIX viram-se subitamente na contingência de se imaginarem como nações – no Brasil, a consolidação do nacionalismo foi uma tarefa de fins do século XIX e das décadas iniciais do século XX. Um nacionalismo relativamente tardio, mas que, até por isso, pôde contar com os instrumentos necessários para se consolidar em um território continental, marcado por imensas diferenças sociais e regionais.

Esse caráter "tardio" do nacionalismo brasileiro decorre dessa longa fase em que o Estado legitimou-se em bases ainda dinásticas *dentro do contexto de uma sociedade ainda regida por um imaginário pré-nacional*. Rio Branco, um monarquista convicto, simboliza bem essa característica única do nacionalismo brasileiro dentro da experiência americana. O nacionalismo brasileiro não deixaria de ter as marcas da longa gestação em bases dinásticas, bem como Paranhos não deixaria de incorporar a expressão "Rio Branco" a seu nome, como forma de burlar a proibição do uso de títulos nobiliárquicos.

A construção de uma identidade política e socialmente operacional para o Brasil monárquico lastreou-se na geografia, ao equacionar a preservação da monarquia com a manutenção da integridade do território da antiga colônia portuguesa na América. A continuidade da monarquia garantia uma transição conservadora, em que a escravidão – base do sistema econômico e principal fonte de poder (junto com a posse de terras) das diversas elites regionais – se mantinha. A monarquia passou a ser identificada com a ideia de grandeza do território, como forma de "naturalizar" o novo corpo político.

A invenção de uma identidade compatível com a preservação da escravidão e da monarquia era um desafio difícil. Não seria possível apelar para a ideia de uma etnia comum em um país marcado pela miscigenação, com grande parte de sua população transplantada, em muitos casos, à força, de outros continentes. As elites do novo país, inclusive, orgulhavam-se de suas afinidades étnicas com a metrópole, *fator de diferenciação em relação ao resto da população que elas se esforçavam em preservar*. A consagração de uma história comum também era dificultada pela própria situação colonial, em que os elementos português e africano eram relativamente recentes no território do novo país e as histórias da metrópole e da colônia se confundiam. A preservação da dinastia, inclusive, agravou essa questão, ao tornar problemático o discurso da exploração colonial, que, afinal de contas, teria sido perpetrada pela mesma Casa Real. Do mesmo modo, à diferença de muitos nacionalismos europeus, a língua tampouco era elemento de diferenciação, pois o português unia, e não separava, Portugal de sua ex-colônia e nunca se deu o passo de oficializar ou incentivar a diversidade linguística então prevalecente. Do mesmo modo, o catolicismo desempenhava papel semelhante na metrópole e na colônia e não serviria para diferenciar entre uma e outra.

A opção pela monarquia e pela preservação do imaginário do Antigo Regime fechou as portas para o esforço, em curso nas repúblicas vizinhas, de criar, desde a independência, "comunidades imaginadas" com base nas ideias de cidadania, de participação popular e de inclusão, em contraste com o Antigo Regime herdado das metrópoles europeias. Esse caminho em uma sociedade escravista tinha limites muitos claros. Era evidente a incompatibilidade entre a manutenção da escravidão e a criação de um sentimento nacional. Foi necessário, portanto, construir a identidade brasileira a partir de outras bases.

A identidade que o Estado brasileiro buscou construir para o novo país estava dada em bases ainda pré-nacionais: a lealdade ao monarca, o papel integrador da religião oficial (sendo a Igreja parte do Estado), a ordem "natural" das hierarquias do Antigo Regime. O Brasil se tornaria singular pela grandeza de seu território e a exuberância de sua natureza. A dicotomia senhor/escravo era contornada pela narrativa indigenista, que projetava as origens da identidade brasileira para antes da colonização. Uma imaginária consistência étnica e uma também inexistente afinidade linguística uniriam, nessa narrativa idealizada, as muitas tribos indígenas ao largo do amplo território que, assim, já seria Brasil mesmo antes da chegada do português e da escravidão. Esse território teria fronteiras naturais, dadas por grandes rios, que o separariam do resto da América, formando uma "ilha-Brasil" dentro da América do Sul. A identidade brasileira era, portanto, mais "natural" que social. Como ressaltou Magnoli (1997, p.17), "em termos de legitimidade, o passado é tanto melhor quanto mais remoto. A perfeição consiste em ancorar a nação na própria natureza, fazendo-a anterior aos homens e à história".

Com o fim da escravidão, seguido rapidamente pela queda da monarquia, o nacionalismo pôde, finalmente, desenvolver-se plenamente no Brasil. Na construção do sentimento nacional para além do sentimento de patriotismo propagado pela monarquia, algumas das formas de identidade coletiva foram imediatamente rejeitadas. A lealdade ao monarca e às hierarquias do Antigo Regime foi repudiada; daí o peso do simbolismo da extinção dos títulos nobiliárquicos. A religião deixou de ser de Estado e passou a ser um assunto privado. No caso brasileiro, o positivismo desempenhou um papel importante na cruzada anticlerical do início do novo regime. "A igreja positivista se apresentava como alternativa ao catolicismo imperial, como religião civil, com seu ilibado sacerdote [Teixeira Mendes] candidato a líder moral dos republicanos" (Alonso, 2009, p.8).

A nação, como comunidade imaginada de laços horizontais que reuniria os brasileiros, passou a ser a fonte da legitimidade do Estado. Essa nação estaria antecipada no período colonial nas lutas contra o domínio português e as invasões de outras potências europeias. Nas revoltas regionais, como a Inconfidência Mineira com seu mártir Tiradentes. A despeito de todas as rupturas com a identidade desenvolvida no período monárquico, o novo nacionalismo preservou, no entanto, a noção da exuberância da natureza e da grandeza e integridade do território: o mito de origem de um Brasil que antecederia sua própria história por meio de uma entidade natural preexistente desenhada em um território continental. A nação completava-se por meio da tríade Estado, povo e território. Essa nação passou, no novo referencial ideológico, a ser a fiadora do território. Certamente, a identificação do Barão do Rio Branco com o processo de definição do território brasileiro é uma das chaves para a compreensão da força de sua identidade com a nação, de seu lugar como um dos "pais fundadores" da nacionalidade brasileira.

A estranheza que pode causar a escolha do Barão do Rio Branco para representar a nacionalidade brasileira, ao lado de Bolívar e San Martín, no vitral da Catedral de Washington abre caminho para uma reflexão sobre o percurso peculiar do nacionalismo no Brasil. Durante quase sete décadas, a monarquia pôde manter unido um conjunto heterogêneo de províncias, espalhadas em um território de dimensões continentais. Não teve sucesso na tarefa de transformar essas "pequenas pátrias" em uma nação, pois a "nação" dos homens brancos e proprietários (inclusive de outros seres humanos) não era partilhada pela massa da população: escravos, mestiços, negros livres e brancos pobres. Ainda assim, o legado do Império em termos da construção da identidade brasileira não é pequeno. As diversas "pequenas pátrias", voltadas para o exterior e com poucas afinidades entre si, passaram a ter como referência o Rio de Janeiro e a monarquia. Ao fim dessas décadas, consolidou-se a ideia de uma pátria única, acima das realidades locais.

A consolidação do sentimento nacional, nas bases em que o reconhecemos hoje, foi tarefa da República, e a definição da política externa republicana influiu na construção da identidade do país, o que se traduziu na fixação do Barão como um dos "pais fundadores" do nacionalismo brasileiro, quase um século após a independência. A atuação de Juca Paranhos e a recuperação do mito fundador das fronteiras naturais predefinidas, preservadas pela colonização portuguesa, fecharam as pontas de um discurso ideológico fundamental na consolidação do nacionalismo brasileiro. Dessa maneira, o Barão passou a simbolizar uma grandeza territorial com a qual todos podiam concordar, acima de classes ou partidos.

O processo de construção do nacionalismo brasileiro foi, sem dúvida, peculiar se contrastado com o de seus vizinhos e o dos Estados Unidos. Estes tiveram de romper de um só golpe com as mentalidades e instituições do Antigo Regime, que caracterizavam sua situação colonial, e se reinventar como nações em fins do século XVIII e início do XIX. A trajetória do Brasil foi diferente: por longos anos, apesar de já independente, conservou-se como uma sociedade em que os traços principais do Antigo Regime permaneciam vivos. Apenas com a crise do Império e a proclamação da República o Estado brasileiro deu o salto para se legitimar em bases realmente nacionais, modernas. Rio Branco foi, assim, contemporâneo do momento em que a identidade do Brasil e dos brasileiros passou a adquirir contornos verdadeiramente nacionalistas, apesar de ser um nacionalismo tardio. Nesse sentido, a caracterização de Juca

Paranhos como um dos fundadores da nacionalidade brasileira, ainda que aparentemente deslocado em quase um século, é uma expressão eloquente da historicidade singular do processo de construção da nacionalidade no Brasil.

Os milagres do Barão

O período que vai da queda da monarquia até a consolidação da "república dos conselheiros" foi uma etapa de grande turbulência causada pela súbita desestruturação de uma ordem político-social e seu respectivo universo de ideias, valores e crenças, sem que já houvesse uma nova ordem que a pudesse substituir de forma ordenada. Desde 1870, o universo saquarema já vinha sendo crescentemente contestado, mas sua repentina desaparição abriu um espaço em certa medida inesperado para novos grupos sociais e elites políticas, bem como para novos arranjos institucionais. A oposição à hegemonia saquarema era o traço de união de projetos políticos e sociais muitas vezes contraditórios e não necessariamente bem estruturados e coerentes em si. O "bando de ideias novas" tinha, é certo, alguns eixos centrais: a abolição da escravidão, a república, o federalismo, o fim do catolicismo como religião de Estado. Contudo, nem mesmo esses poucos temas eram consensuais. A súbita falência das instituições monárquicas e o exílio do imperador deixaram claras as incoerências internas e disputas dentro das forças de oposição, uma vez que o inimigo comum havia sido vencido.

A identidade partilhada pelos membros da oposição à ordem saquarema era, como todas as formas de identidade, contextual e relacional, e se exprimia, de forma vaga, como uma alteridade à ordem estabelecida. Desaparecida a clivagem principal entre os partidários da ordem saquarema e os descontentes, as diferenças entre os grupos sociais e políticos que se opunham ao antigo regime tornaram-se inocultáveis, bem como a fragmentação e a pouca organização das diversas propostas e visões sobre qual deveria ser o projeto político e social a ser adotado.

Nesse contexto de vácuo político, no curto prazo, o controle do Estado caiu nas mãos dos militares, animados por correntes positivistas. A Constituição de 1891 consagrou alterações em pontos fundamentais da antiga ordem saquarema: foram extintos o Senado vitalício (os senadores passaram a ter um mandato de nove anos) e o Conselho de Estado. Com o fim da monarquia desapareceu o Poder Moderador, a Igreja Católica foi desmembrada do Estado e o catolicismo deixou de ser religião oficial; o voto deixou de ser censitário e foi estendido a todos os homens maiores de 21 anos, com exceção dos analfabetos, mendigos, soldados e religiosos. O caráter federalista da nova Carta atendeu aos anseios das diversas oligarquias estaduais, em especial a dos estados mais poderosos. O voto era "ao descoberto", e não secreto, foram concedidos ao Congresso a regulamentação das eleições para cargos federais e às assembleias locais o controle das eleições estaduais e municipais. Nesse contexto, o eleitorado se exprimia constrangido pelos coronéis regionais. Assim, formaram-se os "currais eleitorais" controlados pelas redes de oligarcas e chefetes locais.

Na nova situação, em que a escravidão e, em seguida, a própria monarquia tinham sido superadas, a antiga clivagem entre os membros do movimento da geração de 1870 e os defensores da ordem saquarema foi igualmente ultrapassada. Os grupos sociais e regionais e, vistos individualmente, os membros da elite social, intelectual ou econômica cuja ascensão era obstaculizada pelas instituições da monarquia puderam buscar por muitos caminhos em seu novo espaço. Era o caso dos afluentes cafeicultores do oeste paulista, mas também de grupos urbanos, empresários e intelectuais vinculados de modo subordinado às antigas estruturas saquaremas. A "nova sociedade" floresceu ao tenor das reformas liberalizantes de Rui Barbosa, em uma profusão de novos-ricos, mas entrou em rápida crise no encilhamento. O movimento republicano dividiu-se em numerosas facções que nem o inchaço do adesismo à República pôde ocultar.

Em contraposição à nova ordem, os setores monarquistas, mas reformistas, da geração de 1870 esqueceram suas queixas anteriores e juntaram-se aos órfãos da ordem saquarema para combater o novo regime e promover a ideia do caos republicano como a corrupção e a decadência da civilização que havia sido cuidadosamente construída pela monarquia. A resistência transformou-se em revolta armada para políticos e militares como Silveira Martins e o almirante Saldanha da Gama. Outros, "monarquistas da pena", eram tanto "órfãos da sociedade de Corte, como Afonso Taunay, Rio Branco e Eduardo Prado, quanto do movimento reformista, como Rodolfo Dantas, André Rebouças, Joaquim Nabuco e Afonso Celso Júnior" (Alonso, 2009, p.9).

O desaparecimento do Império representou a ameaça da súbita interrupção da carreira na política ou na burocracia para alguns. De todo modo, o diagnóstico amargo desse grupo sobre a queda da monarquia era de que essa mudança representava a destruição de um modelo civilizacional. Rio Branco, um acérrimo defensor da ordem saquarema, expressou melhor que ninguém seu desapontamento com o fim do regime monárquico: "Em algumas poucas horas ficaram destruídas as instituições que nos legaram nossos pais e que nos haviam dado tantos anos de paz, de prosperidade e de glória" (apud Viana Filho, 2008, p.193).

Do ponto de vista da convivência e de práticas sociais, os órfãos da ordem saquarema, e mesmo vastos setores reformistas, do qual um Nabuco é um exemplo claro, lamentaram o fim da sociedade de Corte e de seus rituais aristocráticos, vistos como a vitória do arrivismo dos *parvenus* e *rastaquoères* contra a boa sociedade. As hierarquias do Antigo Regime, consagradas simbolicamente nos rituais e na sociabilidade da Corte, tinham aderentes e admiradores que viam nos modos republicanos a degradação da civilização e dos padrões de convivência cavalheiresca que, nessa visão, prevaleceram durante a monarquia. Abriu-se uma batalha simbólica sobre o significado e o alcance da República e para a construção do novo arcabouço ideológico de legitimação do Estado republicano, em bases plenamente nacionalistas, de cidadãos que partilhariam uma identidade básica, de brasileiros, acima das hierarquias sociais. Superada a condição de súdito de D. Pedro II, a lealdade ao imperador, a religião de Estado (que foi separado da Igreja) e as hierarquias do Antigo Regime já não podiam unir os brasileiros, que precisavam encontrar uma nova identidade que pudesse superar as graves iniquidades e desigualdades sociais e regionais. A construção de uma nova identidade coletiva para o país, já em bases verdadeiramente nacionais, foi uma tarefa que desafiou a primeira geração intelectual da República.

Duas vias se abriam para cumprir esse desafio. O primeiro caminho valorizava a proclamação da República como um momento de ruptura, de libertação de um passado modorrento e de projeção da nacionalidade para o futuro. Esse rompimento com as tradições paralisantes da colonização portuguesa e da monarquia permitiria ao Brasil integrar-se à modernidade, ao mundo americano representado especialmente pelos Estados Unidos. A frenética atuação de Salvador de Mendonça em Washington e o acordo assinado por Quintino Bocaiuva com a Argentina para dividir o território de Palmas são exemplos extremos dessa visão. Uma segunda interpretação, que se alinha com a tentativa de negação da ruptura com o passado monarquista, valorizava as tradições nacionais e a colonização portuguesa. A singularidade que definiria a nação brasileira estava justamente na peculiaridade do trajeto percorrido desde sua colonização e o período monárquico, que teria criado uma sociedade única. "Para ela, a nacionalidade simbolizava a defesa e a valorização do singular. Daí a repulsa a tomar como modelo a sociedade americana, fruto da colonização inglesa e do protestantismo" (Oliveira, 1990, p.23).

No contexto mais imediato de seus primeiros anos, o governo republicano seguia em aguda crise com a deterioração das finanças desde o encilhamento e o crescente autoritarismo, que desembocou no jacobinismo e na guerra civil durante a presidência de Floriano. Para os monarquistas, a República traduzia-se na desordem, no militarismo e na decadência, que aproximava o Brasil das repúblicas hispânicas e poderia até mesmo ameaçar a integridade territorial, dois temas-chave do discurso saquarema. A aproximação com os Estados Unidos, a intervenção estrangeira na Revolta da Armada, a crítica ao militarismo, acusações de traição ao catolicismo, tudo era arguido contra a República pelos porta-vozes do monarquismo, como Eduardo Prado, em livros e, até quando foi possível, pela imprensa. O resultado da crise de legitimidade vivida pelo Estado brasileiro nos primeiros anos do novo regime foi uma violenta guerra civil, que chegou a ameaçar a unidade territorial, e uma proliferação de revoltas e movimentos messiânicos. Com a guerra civil trazida pela Revolução Federalista e pela Revolta da Armada, durante o governo Floriano, a oposição monarquista foi abafada pela força. Prisões, o empastelamento dos jornais de oposição, a censura e o exílio; uma onda repressiva que atingiu não só os monarquistas, mas qualquer dissidência – até mesmo Rui Barbosa, republicano histórico e ministro da Fazenda do Governo Provisório, teve de deixar o país.

A radicalização, o autoritarismo e o jacobinismo dos anos de Floriano passaram a ser o principal ponto da crítica dos "monarquistas de pena", que em seus escritos e narrativas passaram a insistir na contraposição entre a desordem da República jacobina e a pretensa paz e civilidade do Segundo Reinado, enaltecendo os líderes, instituições e símbolos do Império em contraste com a agitação e a instabilidade republicana, que, nessa visão, constituía-se em ameaça à integridade territorial e reduzia o Brasil ao nível de incivilidade, caudilhismo e militarismo dos vizinhos hispano-americanos.

Esse esforço de criar uma narrativa em que a alteridade entre a monarquia e a república favorecesse a primeira, como forma de reinserção de seus valores e de preservação de alguns elementos de seu projeto político, girou em torno da crítica de alguns temas principais (Alonso, 2009, p.14, grifos no original):

> O primeiro visava o *repertório de ideias* orientando a nova ordem: o americanismo e o positivismo. O americanismo se vincularia a um modo de vida burguês, que cafeicultores de São Paulo e os novos-ricos da bolsa de valores disseminavam e que, supunham, se basearia na ambição, na sede de enriquecimento. Já o positivismo orientaria a dessacralização do mundo público, a ratificação da ciência como princípio condutor das decisões públicas. Os monar-quistas de pena o associavam a um terceiro estrato de ascendentes com o novo regime: os militares, a quem atribuíam toda sorte de incivilidades.

A nostalgia da ordem aristocrática, por um lado, e a ênfase na religião e na denúncia dos supostos ataques ao catolicismo e à religiosidade do povo, por outro, foram armas dos monarquistas contra a República. O novo regime se traduziu em uma ruptura com os valores da ordem saquarema: a conciliação, o pavor às mudanças, um mundo ordenado e hierarquizado. Insistiu-se no contraste dessa ordem idealizada e romantizada com o presente de agitações e desordem projetado no militarismo dos governos Deodoro e Floriano. A orientação americanista da República foi apresentada como uma ilusão que traía a verdadeira identidade brasileira, construída pelo Império com base na suposta sintonia com uma ideia de civilização primordialmente europeia. A crítica dos órfãos da ordem saquarema centrou-se também no modo de vida burguês, associado aos Estados Unidos, e no cientificismo que afastava os homens de sua verdadeira natureza. Não por acaso, Eça de Queirós, amigo íntimo de Eduardo Prado e Rio Branco em Paris, criou nos últimos anos do século XIX seu personagem Jacinto de Tormes, um dândi português residente em Paris que só encontra sua felicidade aos despojar-se da parafernália de aparelhos e instrumentos, símbolos da modernidade e do cientificismo, e deixar seu apartamento parisiense para voltar à terra de seus ancestrais na serra portuguesa.

Uma segunda tecla das críticas ao novo regime era o horror pela ascensão desordenada de novas elites sociais. O encilhamento produziu uma avalanche de novos-ricos, e mesmo a riqueza do café já estava nas mãos de uma classe agroexportadora de mentalidade e modos burgueses, em contraste com as elites tradicionais do Império. A desvalorização dos modos aristocráticos e o fim da Corte e da vida social baseada nos salões tradicionais, elementos cruciais da sociabilidade e da identificação social das elites do Segundo Reinado, eram vistos como a vitória dos novos-ricos, dos pequeno-burgueses, dos rastaqueras, dos despreparados para o convívio na "boa sociedade".

Legenda: O desenho retrata o personagem *Le Brésilien* (O Brasileiro), de uma famosa ópera-bufa de Jacques Offenbach, chamada *La vie parisienne*, que estreou em Paris em 1866. O brasileiro em questão era um novo-rico, um "rastaquera", sujeito dado à ostentação e inteiramente destituído de modos, verniz cultural e bom gosto.

O papel proeminente dos militares, já não submetidos ao poder civil como (de acordo com essa visão idealizada) teria sido no Império, assustava e era associado ao barbarismo e caudilhismo que até então se havia projetado nos vizinhos hispano-americanos. Até mesmo a integridade territorial era posta em risco, pois como apontavam os ideólogos do Império, o federalismo e o caudilhismo teriam levado à fragmentação territorial das repúblicas vizinhas. Joaquim Nabuco, em carta a Rio Branco, expressou seu pessimismo com a República: "Iremos de tirania em tirania, de despotismo em despotismo, até o desmembramento ou a perda completa da noção de liberdade" (apud Lins, 1996, p.166).

Alonso (2009, p.14) resume bem o sentimento que animava esses opositores da nova ordem:

> O monarquismo de pena foi um decadentismo. Mais que projetar novo estado de coisas, exibia atitude *blasé* com respeito ao presente, ancorada na nostálgica idealização do passado e num catastrofismo quanto ao futuro. Foi também esforço coletivo e deliberado de defender a tradição imperial e o estilo de vida a ela associado por meio da criação de estereótipos e da narração de uma versão monarquista do presente republicano e da história nacional.

No entanto, com o fim do governo Floriano, a situação passou a caminhar para uma diminuição das tensões, e na ainda atribulada gestão de Prudente de Moraes os monarquistas voltaram a se reorganizar e fundaram, em 1895, o Partido Monarquista, com manifestos em São Paulo (15 de outubro de 1895) e no Rio de Janeiro (12 de janeiro de 1896). Mas, as correntes monarquistas não encontraram verdadeiro apoio ou suficiente carisma na princesa Isabel ou qualquer outro membro da Casa Real depois da morte de D. Pedro II, e acabariam por reconhecer que não havia condições para qualquer aventura restauradora. Essa hipótese, aliás, sempre foi mais uma ilusão alimentada por monarquistas e jacobinos (por razões opostas) que uma possibilidade real. Os elementos mais radicais da República, por sua vez, a partir de 1897, após a malograda tentativa de assassinato do presidente Prudente de Moraes, começaram a perder influência e o jacobinismo, exaurido por suas dissidências e já sem Floriano, que havia falecido em 1895, esgotou-se rapidamente.

A partir daí, a incorporação dos "monarquistas de pena" nas esferas de poder republicanas foi se dando de forma rápida. Em 1897, fundou-se a Academia Brasileira de Letras, sob a presidência de Machado de Assis, reunindo tanto monarquistas, como Taunay, Nabuco e Eduardo Prado, como republicanos, como Rui Barbosa e Salvador de Mendonça. A Academia seria um dos espaços de sociabilidade privilegiados da "república dos conselheiros" e a ela logo viria se juntar Rio Branco. "Na longa duração, o saldo foi monarquista. Se os republicanos ganharam a batalha política do presente, criando instituições e ícones de um novo regime, os monarquistas venceram a luta simbólica pelo futuro" (Alonso, 2009, p.19). A leitura que acabará prevalecendo na historiografia será a interpretação dos monarquistas, na qual o Império, e não só o Segundo Reinado, era apresentado como uma época de paz e civilidade em contraste com o caudilhismo e o militarismo da primeira década republicana. O imaginário da "república dos conselheiros" foi sendo assentado com base na alteridade não com o regime superado, mas contra a memória então recente da instabilidade dos anos iniciais da própria República. O Barão do Rio Branco acabou como um dos artífices da consolidação dessa nova ordem e um importante símbolo dessa reviravolta. Inclusive a própria consagração do título nobiliárquico de Paranhos nos novos tempos republicanos não deixa de simbolizar essa vitória dos monarquistas na batalha sobre a interpretação do passado recente e sua projeção no futuro imediato.

Não é possível entender as ideias de Rio Branco e a natureza de seu legado sem explorar o contexto intelectual em que ele viveu e a evolução de seu lugar social nessa época de rápidas transformações. Paranhos assistiu à desestruturação de uma ordem político-social na qual ele, por razões de sua vida privada, teve dificuldades para obter o posicionamento social que lhe parecia naturalmente destinado pelo brilho e pela posição de seu pai. Sua lenta reintegração na estrutura de poder e de prestígio do Segundo Reinado, representada por sua reaproximação ao imperador e às lideranças conservadoras, nos anos finais da monarquia, foi subitamente cortada com o desmoronamento do regime, decepado por um golpe militar.

Ainda que distante geograficamente das agitações dos governos Deodoro e Floriano, Rio Branco entregou-se a um jogo duplo com o novo regime em que suas atividades de publicista contra a República ocultavam-se sob pseudônimos e no apoio intelectual anônimo à ação de seus muitos amigos monarquistas: Eduardo Prado, Rodolfo Dantas e Joaquim Nabuco, entre outros. Essa oposição e resistência ao novo regime tinham o cuidadoso limite da manutenção de seu cargo de funcionário público, que ele lutou para preservar por meio de sua rede de apoios que englobava antigos conservadores, como o barão Homem de Melo, e novas amizades que soube cultivar no republicanismo, como Rui Barbosa. A exacerbação da repressão jacobina, pela violência, pela prisão ou pelo exílio de seus expoentes, acabou por levar o Barão a um período de recolhimento a suas atividades consulares e a seus estudos, que apenas foi interrompido por sua indicação como advogado da causa brasileira junto ao presidente dos Estados Unidos na questão de Palmas. Sua vitória serviu de ponto de união para os brasileiros, em um momento em que a crise interna dos primeiros anos republicanos ainda não havia sido superada. Recebeu uma ampla cobertura da imprensa e obteve uma repercussão pública extraordinária. A partir daí, em paralelo com a progressiva pacificação da vida política no Brasil, o Barão passou a se reaproximar do poder político e, já na gestão de Campos Sales, ele voltou a ter outra vez acesso aos círculos de poder no Rio de Janeiro. O sucesso do arbitramento no Amapá confirmou a crescente popularidade de Paranhos e o tornou escolha quase inescapável para o ministério de Rodrigues Alves.

Com suas vitórias em Palmas e no Amapá, Rio Branco granjeou um apoio público e um grau de prestígio pessoal que o retiraram do estreito círculo da pequena política da burocracia estatal para o plano mais amplo da vida política nacional. Ao chegar à chefia do Ministério das Relações Exteriores ele já possuía um peso próprio no cenário político.

É conhecida formulação do *Dezoito Brumário* de Marx: "Os homens fazem a sua história, mas não a fazem como querem; não a fazem sob circunstâncias de sua escolha e sim sob aquelas com que se defrontam diretamente, ligadas e transmitidas pelo passado". Rio Branco estava preparado para aquele momento e para aquelas circunstâncias, ainda que as diferenças entre a "república dos conselheiros" e o Segundo Reinado fossem muitas. A começar pela eliminação da escravidão, o que permitiu, finalmente, a construção de um discurso plenamente nacionalista, em que se incluíam, ao menos retoricamente, todos os brasileiros na ideia de nação. Desaparecida a Corte, os espaços de sociabilidade das elites foram multiplicados e se abriram para novos grupos. O fim do Senado vitalício e do Conselho de Estado, a expansão da imprensa, a proliferação de jornais, revistas, novas instituições como a Academia Brasileira de Letras, tudo contribuía para retirar as discussões sobre política e cultura do âmbito restrito do Estado e diferenciá-las em espaços próprios, ainda que interligados. Começava-se a criar uma verdadeira esfera pública separada do Estado, mesmo que entre as duas instâncias ainda persistissem muitas áreas de coincidência.

Rio Branco soube entender e aproveitar-se dessas mudanças. Possuía uma longa experiência da vida europeia, onde esse processo de separação da esfera pública do Estado já estava mais adiantado. Desde cedo, havia colaborado com a imprensa e entendeu a importância da opinião pública, que se ampliava e se diversificava.

O evangelho do Barão

Ele próprio orientava essa opinião pública, escrevendo pessoalmente para a imprensa ou dirigindo os jornalistas mais chegados ao Itamarati. Todos os seus atos eram lançados através de hábeis campanhas de imprensa. Lembrava Graça Aranha que, ao abrir uma questão, Rio Branco fazia que os jornalistas, seus amigos, se dividissem. Fornecia em seguida razões contraditórias aos dois grupos, com o fim de esclarecer o espírito público em todos os sentidos. Os debates se movimentavam, animadíssimos, até que o ministro dava o "golpe espetacular" resolvendo a questão, já com a opinião pública devidamente preparada e esclarecida. (Lins, 1996, p.306)

Já ministro, continuou a escrever intensamente nos jornais, sob muitos pseudônimos e, quando lhe parecia o caso, em seu próprio nome. Frequentava as redações, examinava pessoalmente as provas dos artigos que iriam para impressão. Tornou-se amigo e fonte de uma constelação de jornalistas e editores dos diversos jornais e folhas do Rio de Janeiro. Fornecia dados, informações, opiniões e reclamava aos editores contra interpretações que lhe parecessem incorretas ou distorcidas. A vasta coleção de recortes de notícias e de caricaturas sobre si colecionadas por Rio Branco, hoje depositadas no Arquivo Histórico do Itamaraty, é um testemunho eloquente da preocupação do Barão com sua imagem e com a repercussão popular de suas políticas e decisões. Sua atenção pela opinião pública não se restringiu à imprensa e nem só ao Brasil. Ajudou a criar, por exemplo, a *Revista Americana*, por meio da qual divulgava informações, promovia debates e construía uma opinião favorável ao monroísmo nos meios intelectuais brasileiros e também latino-americanos.

Seu foco na valorização dos aspectos simbólicos de suas políticas era patente. A aproximação com os Estados Unidos não poderia, na época, ter tido um emblema mais forte do que a elevação das representações diplomáticas ao *status* de embaixadas. Nabuco compreendeu o alcance do gesto e de sua nomeação como embaixador ao comentar que "o título vale por uma política". Do mesmo modo, foi a preocupação de Rio Branco com as questões de visibilidade e publicidade que dirigiu seus esforços na cuidadosa preparação da III Conferência Pan-Americana no Rio de Janeiro e no apoio à participação de Rui Barbosa na Conferência de Haia, até mesmo em pequenos detalhes de protocolo. Foram momentos em que Rio Branco exerceu intensa atividade na divulgação e promoção desses eventos e do protagonismo brasileiro nos jornais cariocas. A ideia de aumento do prestígio internacional refletia-se também no crescente reconhecimento interno e na grande popularidade do ministro. A política externa era mostrada e entendida como uma atividade desvinculada da política interna, pairando acima dos interesses partidários, mas os sucessos na sua execução reforçavam diretamente a posição interna do ministro. Ainda faltaria muito para o tempo da diplomacia presidencial.

Rio Branco também soube inserir-se nos espaços de sociabilidade da *intelligentsia* carioca, a começar pelo Instituto Histórico e Geográfico Brasileiro (IHGB), "ilha intelectual do Segundo Reinado em meio ao mar republicano" (Alonso, 2009, p.17), do qual era sócio desde os 22 anos. Em 21 de novembro de 1907, ele assumiu a presidência do IHGB, que dirigiu até sua morte em 1912. Note-se que uma de suas primeiras iniciativas na presidência do Instituto foi promover uma Exposição sobre o Centenário da Imprensa no Brasil, em 1908. A atuação de Rio Branco pode ser aferida por um testemunho da época, do bibliotecário do IHGB José Vieira Fazenda: "está viva a memória do que foram nestes últimos anos as sessões do Instituto. Todos queriam ver e ouvir falar o Barão, de fama mundial" (Fazenda, 1943, p.423).

Rio Branco foi ativo também na Academia Brasileira de Letras, onde inclusive teve o prazer de patrocinar a vitória de Mario Alencar contra a candidatura de Domingos Olímpio, seu antigo subordinado na arbitragem da questão de Palmas e, desde então, seu desafeto.[1] Os méritos literários do autor de *Luzia Homem* não foram suficientes para vencer a oposição de Rio Branco, e a cadeira nº 21 acabou ocupada pelo filho de José de Alencar, cuja obra, modesta, nem de longe era comparável à do pai. Rio Branco patrocinou ainda a vitória de Euclides da Cunha contra o poderoso Quintino Bocaiuva, na disputa da cadeira de nº 7, em 1903. Mas a Academia foi também palco de farpas contra Rio Branco dirigidas por Oliveira Lima em seu discurso de posse. O Barão ostensivamente tinha deixado de comparecer à posse de Oliveira Lima e sua resposta aos ataques do historiador pernambucano, e seu subordinado no Itamaraty, foi dada pela imprensa, por meio do historiador João Ribeiro, ligado a Paranhos.[2]

O Barão, um "aristocrata sem Corte" com o fim do Império, soube criar no Itamaraty seu simulacro da vida cortesã e dos salões do Segundo Reinado. A diplomacia, aliás, por suas próprias origens, presta-se bem para o papel. Até bem avançado o século XIX, as monarquias predominavam e a diplomacia era uma atividade exercida nas Cortes, com seus códigos e etiquetas. O brilho que Rio Branco soube conferir ao Itamaraty atraía a atenção da intelectualidade e da imprensa e contribuía para reforçar sua influência. A imagem do chanceler confundia-se com os anseios de modernização e de prestígio da nação e atraía a sua volta homens do talento de Euclides da Cunha, Graça Aranha, Clovis Bevilaqua, Domício da Gama, Gastão da Cunha e Pandiá Calógeras, entre outros.

---

1 Em cartão de felicitações de Ano Novo, em 1903, enviado por Domingos Olímpio a Rio Branco, o Barão anotou: "Carta de Domingos Olímpio Braga Cavalcante, que desde 1895 até 1902 andou a fazer-me todas as molecagens e perfídias que pôde, atacando-me nos jornais e intrigando-me com pessoas influentes na política". (Cadernos do CHDD, 2004, p.364)

2 O episódio da posse de Oliveira Lima está relatado em todas suas cores em Almeida, 2002, p.242-249. A íntegra do discurso do acadêmico pernambucano está disponível no sítio da Academia Brasileira de Letras, no endereço www.academia.org.br.

Ora, nesse quadrante singular é que o novo chanceler, reunindo à sua volta uma plêiade de intelectuais especialistas na história, geografia e cultura brasileiras, iria dar início ao projeto de penetração no interior dos sertões, demarcação de limites, estabelecimento de sistemas viários e telegráficos de comunicação, levantamentos topográficos, mapeamentos, estatísticas, povoamento, defesa e avaliação de recursos. Todas essas operações articuladas com uma política internacional liberal e pacifista, preocupada em conquistar a aliança dos Estados Unidos e os créditos da Europa. (...) Um governante ilustrado, de sólida formação filosófica e científica – um "grande homem" – cercado por uma *entourage* de cientistas e especialistas. Não mais a "falange sagrada", mas "a *elite* dos nossos homens de talento"; "a sociedade inteligente de nossa terra", o círculo dos sábios. (Sevcenko, 1995, p.154)

À maestria no manejo de sua figura pública, Rio Branco somou sua enorme competência na execução de uma política externa realista, pragmática e perfeitamente adequada ao momento da política interna. Desde seu retorno ao Brasil, em fins de 1902, Rio Branco insistiu na tese da separação entre a política externa e a interna. Na verdade, essa aparência de independência da diplomacia foi conseguida justamente por sua adequação ao momento histórico que o país vivenciava. O discurso sobre a política externa como uma política de Estado, que paira acima das paixões políticas, lastreada apenas no interesse nacional, permitiu o resgate e a valorização ideológica do Segundo Reinado, com a formulação da ideia de uma continuidade de políticas e posturas. Onde as rupturas fossem inocultáveis, elas eram apresentadas como a evolução natural das posições assumidas pela monarquia. Os sucessos do Barão foram elementos importantes na reconstrução da memória e na revalorização do Império, sempre contrastados com a imagem de militarismo, de caos e de desagregação, inclusive com as ameaças separatistas dos primeiros anos republicanos. As vitórias na consolidação das fronteiras reforçavam o velho mito de origem da identidade brasileira ancorada em um território concebido como preexistente à chegada dos portugueses e base da singularidade e grandeza nacionais.

Uma vez estabilizada, a República Velha manteve, ainda que em novas bases, o caráter de arranjo oligárquico do período monárquico. Com novos atores, outras dinâmicas e mesmo mudanças estruturais importantíssimas, como o fim da escravidão. Contudo, a aparência de modernização escondia a preservação de uma economia agroexportadora e de um sistema político oligárquico em que as elites regionais continuavam a dispor, talvez até mais do que antes, de amplo espaço para seus desmandos.

O Barão soube adaptar, modernizar e mesmo abandonar muitas das diretrizes e doutrinas da diplomacia imperial, mas já sem apresentar essas mudanças como rupturas com o passado do Império. A política para os Estados Unidos é o grande exemplo. De um modo geral, a política externa da monarquia era antiamericana: antiestadunidense e anti-hispano-americana. As repúblicas vizinhas, e também os Estados Unidos, eram o "outro" externo que se contrapunha à identidade do Império: uma monarquia "tropical", mas de rasgos europeus. A identidade nacional apoiava-se em uma ideia de civilização que nos distinguiria dos turbulentos vizinhos, cuja história os teria feito cair no caudilhismo e na desintegração territorial. Os primeiros gestos da nova república foram no sentido de romper ruidosamente com essa visão: a reversão de posições na Conferência de Washington, a divisão do território de Palmas, o tratado comercial com os Estados Unidos. A nova identidade brasileira era americana. Os Estados Unidos eram a referência da modernidade e da superação das deficiências e do atraso, frutos da colonização portuguesa, da escravidão e da monarquia.

Quaisquer que fossem suas preferências pessoais, Rio Branco não deixou de reformular a política externa de acordo com a nova identidade internacional que o regime republicano projetava. Pelo contrário, ao elevar as representações diplomáticas ao nível de embaixadas, deu maior visibilidade a essa política de identificação com os Estados Unidos. Mas, na contramão dos fatos, apresentou essa nova orientação como uma continuidade das políticas do Império. Na execução dessa mudança, aceitou inclusive a concessão de preferências comerciais aos Estados Unidos, outra transgressão às doutrinas estabelecidas no Segundo Reinado, que tinha a memória do "sistema de tratados" imposto no momento do reconhecimento da independência. Com relação às repúblicas hispânicas, o "outro" por excelência da monarquia brasileira, Rio Branco foi mais ambíguo. A realidade de uma Argentina fortalecida há muito já não deixava espaço para a continuidade das políticas intervencionistas na região do Prata, tal como tinham sido implementadas da gestão do visconde do Uruguai na chancelaria brasileira até o retraimento do Império, após a Guerra do Paraguai. De modo pragmático e inteligente, o Barão decretou o fim das ingerências no Prata e, ao contrário, buscou na Argentina e no Chile seus parceiros para uma hegemonia compartida na América do Sul. Esforçou-se em tornar o Brasil o elemento de ligação entre os Estados e a América do Sul, mas sem se subordinar aos desígnios de Washington.

O novo evangelho foi sendo construído aos poucos, a partir das necessidades concretas e dos problemas que eram enfrentados. Nele, a ideia da grandeza do Brasil pela exuberância de sua natureza, pelo tamanho de sua população e pela imensidão e integridade do território tinha um lugar central – "território é poder", diria o Barão. Essa era uma noção que podia ser compartilhada por todos os brasileiros e desde o Império vinha sendo um dos principais mitos de origem da identidade brasileira. A associação, muito justa aliás, de Rio Branco com a consolidação das fronteiras o elevou ao altar dos heróis da pátria, dos santos da nossa nacionalidade. Todos podiam compartir e admirar sua ênfase na ideia de valorização do Brasil, de um interesse público acima das lutas partidárias, de um destino nacional de grandeza e prestígio como um dado quase natural, derivado da extensão do território e do peso da população.

Os anos iniciais da República foram um momento de ruptura e de negação dos valores essenciais da ordem saquarema, entre eles a antiga ênfase na conciliação, na negociação e na dissimulação do conflito em busca de decisões consensuais. O fervor republicano era defensor da transparência e da moralidade pública traduzida no estilo estoico, direto e abertamente autoritário dos primeiros presidentes-marechais. Para os republicanos de então, a política cortesã, ao redor do imperador e com as sutilezas e códigos da Corte, era um vício a ser superado. Em contraste, a "república dos conselheiros" construiu sua alteridade não contra a monarquia, mas em contraposição à percepção de anarquia e desunião dos anos iniciais do novo regime. Resgatou a conciliação como um valor político, a começar pela política externa que alcançou um notável consenso em torno de um ministro das Relações Exteriores que permaneceu no cargo por quase uma década, com quatro diferentes presidentes: Rodrigues Alves, Afonso Pena, Nilo Peçanha e Hermes da Fonseca.

A santificação de Rio Branco na religião laica do nacionalismo explica-se por muitos milagres: sua atuação desenvolta em uma esfera pública que se estava formando, sua capacidade de movimentar-se e fazer avançar os interesses de sua pasta dentro da máquina do Estado, seu extraordinário pragmatismo em buscar sempre a solução mais adequada aos problemas concretos que a política externa vivia e seu pendor para fazer repercutir suas vitórias junto à opinião pública. Rio Branco soube promover até mesmo as características mais peculiares de sua *persona*, que ele transformou em uma personalidade popular, com quem o homem do povo também pudesse se identificar e admirar.

O que se escrevia então sobre Rio Branco no estrangeiro daria para encher muitos volumes. Nenhum estadista sul-americano da época conseguira tanta notoriedade fora de seu país, nem chegara a ser tão amplamente conhecido na Europa e nos Estados Unidos. Era um nome realmente universal. Por outro lado, a sua popularidade, no Brasil, era mais extensa, mais constante, mais entusiástica do que a de qualquer outra figura do presente ou do passado. Nenhum outro nome aparecia tanto nos jornais e nas reuniões quanto o seu; os caricaturistas esforçavam-se para fixar--lhe os traços porque a caricatura do Barão interessava sempre ao público; corriam atrás dele os fotógrafos das revistas ilustradas; e o orador medíocre para obter aplausos num comício não precisava senão invocar-lhe o nome a qualquer propósito. Tudo o que ele fazia era comentado; falava-se não só dos seus grandes atos, mas dos seus pequenos hábitos, manias e fobias: a desordem do seu gabinete de trabalho, o seu prazer em matar mosquitos com uma vela e atirar água fria nos gatos, o seu horror aos elevadores, as suas distrações, os seus esquecimentos. Tinha passado à categoria dos personagens a respeito dos quais a imaginação popular amplia os fatos até o levantamento das lendas. (Lins, 1996, p.395)

Rio Branco soube fazer-se identificar com seu tempo, com as transformações e o anseio de modernidade e de prestígio do início da era republicana. Fazia isso com gestos de grande repercussão e em pequenos atos, como seus passeios em carro aberto pela avenida que dias depois de sua morte foi rebatizada com seu nome, sua presença constante e influência nos círculos da cultura e das artes cariocas ou suas relações íntimas e seus contatos quase diários com a imprensa. Conseguiu, ao longo de quase uma década, após uma chegada triunfante, ver sua popularidade e seu prestígio crescerem e seu falecimento, em 10 de fevereiro de 1912, teve ares de tragédia nacional. O governo chegou a decretar o adiamento do carnaval para marcar o luto nacional pela perda do herói.[3]

---

3 Como se sabe, essa medida não prosperou e os brasileiros tiveram dois carnavais em 1912 (Santos, 2010).

Rio Branco foi, também, um dos construtores de uma nova ordem que, em muitos aspectos, resgatou valores e práticas do tempo saquarema. Para conservar muito de sua parte essencial, as relações de poder, foi necessário transformá-la. A seu pai, o visconde de Rio Branco, tinha tocado a tarefa de comandar a talvez mais ambiciosa tentativa de reforma da ordem saquarema. De certa forma, o filho teve sucesso onde o pai falhou. O filho assistiu ao desmoronamento desse mundo e à sua reconstrução – em novas bases, é certo. O esforço de lançar pontes entre esses dois momentos está presente nas grandes políticas, na forma como ele reescreveu as relações com os Estados Unidos, por exemplo, mas também em detalhes muitas vezes pouco perceptíveis.

Em 1906, Rio Branco encomendou, para decorar as paredes da escadaria da entrada principal do Palácio do Itamaraty, a execução pelo pintor Rodolfo Amoedo de uma série de painéis com alegorias greco-romanas abstratas,[4] mas que registram, de modo algo críptico, doze datas em algarismos romanos (Conduru, 2010). Cada um desses anos está relacionado com eventos da história brasileira. Com alguma imaginação, quase como em uma metáfora religiosa, o visitante pode percorrer doze "estações" da história brasileira (e não as quatorze da via-crúcis), em eventos emblemáticos que não terão sido escolhidos ao acaso: a chegada da esquadra de Cabral (1500); a instalação da primeira capital da colônia (1549); a restauração portuguesa (1640); a chegada de D. João VI (1808); elevação do Brasil a Reino Unido (1815); a nomeação de D. Pedro como regente (1821); a declaração da Independência (1822); a vitória contra Rosas (1852); o Tratado da Tríplice Aliança (1865); a vitória contra Solano Lopéz (1870); a Lei do Ventre Livre e a Lei Áurea (1871/1888); e a proclamação da República (1889).

---

4 Trata-se de *grotteschi*, arranjos ornamentais de inspiração romana, com motivos vegetais e figuras fantásticas, utilizados como ornamentação neoclássica.

O encadeamento, na cronologia, de acontecimentos ocorridos em diferentes conjunturas históricas expõe a intenção de estruturar uma narrativa fundada sobre a ideia de continuidade entre a presença portuguesa e o Estado imperial, que se transmutara em Estado republicano. Pintada na galeria de acesso aos salões da diplomacia, a cronologia exprime a intenção de conferir legitimidade histórica e política ao Estado brasileiro, ao apresentá-lo sob uma perspectiva que combina antiguidade – afinal, suas origens remontariam a 1500 – e continuidade, pois, apesar da separação de Portugal, não teria havido ruptura institucional, exceto na derrubada da monarquia. (Conduru, 2010, p.294)

Ademais da sutil homenagem a seu pai, ao equiparar a Lei do Ventre Livre à Lei Áurea, a escolha dos eventos, que certamente terá sido do diplomata e historiador, deixa clara a intenção de resgatar o passado e construir a República como uma continuação do passado português e da monarquia. O culto à permanência terá um importante papel na elaboração do "evangelho do Barão" e passará a ser um dos grandes elementos dessa nova tradição. Seus sucessores se esforçarão em respaldar suas políticas em Rio Branco, em suas ideias, em um estilo de fazer diplomacia, em uma "certa ideia de Brasil" (Ricupero, 2000) criada por ele. A ideia de permanência, de continuidade, passou à condição de noção fundamental na construção do discurso diplomático brasileiro e da própria identidade nacional. Em muitos casos, talvez a maioria, a identidade das nações que foram parte de impérios coloniais se funda na ideia de ruptura com o passado colonial. A identidade brasileira, em contraste, foi repetidamente construída sobre a noção de continuidade e de permanência: um território, um Brasil, que preexistia à história e à colonização portuguesa, depois um império que preservou as tradições e a civilização lusitanas, seguido por uma república que, em grande medida, conservou e resgatou as tradições da monarquia que a precedeu.

A política e a sociedade brasileira, após os anos de ruptura e instabilidade das décadas iniciais da República, certamente renovaram-se, mas foram igualmente retomados muitos dos traços, das soluções e dos esquemas oligárquicos do período monárquico. Esse processo se deu em muitos planos. Na política externa, ele está claramente associado à imagem do Barão do Rio Branco, que executou essa transformação com tal brilho que sua figura se projetou também no processo de consolidação da própria política interna, com resgate de elementos antigos e criação de novas práticas e narrativas. Os "milagres do Barão" contribuíram em muitos sentidos para a estabilização do sistema político da República, seja pela influência positiva dos sucessos alcançados, seja pela própria competência no manejo da política externa em uma quadra difícil, com problemas que, se não tivessem sido resolvidos a contento, teriam trazido elementos adicionais de instabilidade. As questões com a Bolívia, com o Peru ou com a Argentina, assim como as pequenas e grandes crises, como no caso *Panther* ou no manejo dos interesses do *Bolivian Syndicate*, são episódios que poderiam ter cobrado um custo extremamente elevado naquele momento em que o Estado brasileiro ainda se recompunha da crise de legitimidade decorrente do fim da monarquia.

Foi também de relevo o papel desempenhado por Rio Branco na consolidação do sentimento nacional brasileiro em bases modernas. A política externa tem um papel estratégico nessa construção, ao marcar os limites, não só físicos, com o "outro". Além de ter contribuído de maneira decisiva para a delimitação das fronteiras da nação, as constantes preocupações do Barão com o prestígio e o lugar do Brasil no mundo fortaleceram um nacionalismo que finalmente pôde se firmar como laço de união entre todos os brasileiros, uma vez superados a escravidão e outros traços característicos do regime derrocado. Ricos ou pobres, brancos, mestiços ou negros, naturais de qualquer região do país, todos os brasileiros podiam identificar-se com as vitórias do Barão e orgulhar-se do prestígio internacional que Rio Branco buscou trazer para o Brasil.

A vigência ou utilidade hoje das orientações de Rio Branco, do "evangelho do Barão", para a política externa brasileira contemporânea é uma falsa questão. Paranhos é patrono e símbolo da diplomacia brasileira e, assim, muito contribui, ainda hoje, para a autoestima e para a imagem de excelência da corporação que trata diretamente dos temas diplomáticos. Esse valor simbólico é indubitavelmente inestimável e merece ser preservado e relembrado. Muito do poder que o Itamaraty dispõe nas negociações internas com outros ministérios e agências do governo e entidades da sociedade civil está lastreado nessa ideia e tradição de competência. O discurso, promovido por Rio Branco, da política externa como um domínio isolado das opções de política interna, dirigida por um interesse nacional acima e além dos partidos e discussões internas, também contribui para poder de barganha interno do Itamaraty nas discussões no seio do governo e com outros atores. Não faz sentido, no entanto, imaginar que as postulações de Rio Branco – fora, naturalmente, suas claras e continuadas evidências de bom senso e de flexibilidade e pragmatismo perante novas situações – possam ser um elemento de orientação indiscutível ou inegociável ainda hoje. A política externa não pode estar desligada da evolução da política interna e do próprio contexto internacional. Um século depois da morte de Rio Branco, tanto o cenário internacional como a própria dinâmica da política interna são absolutamente distintos dos anos iniciais da República. Como se viu, as próprias políticas de Rio Branco eram estabelecidas a partir das demandas e opções concretas com as quais ele era confrontado, e não estabelecida a partir de doutrinas abstratas.

Há uma multiplicidade de atores, internos e externos, governamentais e não governamentais, que interagem e influenciam as decisões de política externa. Esses atores estão presentes desde o estágio da formação da agenda, no processo de escolha entre alternativas decisórias e em todas as fases da implementação das políticas. O próprio interesse nacional não deve ser confundido com os interesses do Estado, que é apenas um de seus componentes. O interesse nacional é um vetor mutável, flexível e fragmentado e que, até mesmo, pode (e deve) ser questionado enquanto conceito operacional por tratar-se de uma somatória em constante atualização de interesses setoriais em conflito. As decisões de política externa, inevitavelmente, geram ganhadores e perdedores domesticamente e contribuem para a consolidação de uma determinada narrativa e identidade nacional, que tampouco é neutra. A ideia de uma política externa desligada dos debates e interesses internos não corresponde à realidade, mas naturalmente os constrangimentos e incentivos derivados do cenário internacional, também em constante mutação, condicionam e dão limites às escolhas internas viáveis e efetivas.

Rio Branco soube adequar a política externa brasileira às exigências da sociedade brasileira e do contexto internacional de seu tempo. Ao fazer isso, contribuiu de forma importante também para a consolidação do processo político interno e da identidade que estava se construindo para o Brasil nas primeiras décadas do século XX. É evidente que, do ponto de vista da operação da política externa atual, suas ideias e posturas são inevitavelmente datadas e, em princípio, superadas. O Brasil hoje é, certamente, muito mais complexo, fragmentado e dinâmico. A agenda internacional muito mais ampla e o próprio papel brasileiro no cenário mundial está em rápida transformação. O significado histórico de Rio Branco na construção de certos aspectos da identidade do Brasil e da consolidação da política externa segue, no entanto, inalterado e insubstituível. Para além dos méritos pessoais extraordinários de Paranhos, repetir o papel singular e a repercussão que o Barão teve em seu momento para a política externa e para a sociedade brasileira seria uma tarefa sumamente difícil. Cem anos após sua morte, sua dimensão simbólica permanece incontrastável.

Referências bibliográficas

Fontes impressas

CENTRO DE HISTÓRIA E DOCUMENTAÇÃO DIPLOMÁTICA (CHDD). *Missão Especial de Honório Hermeto Carneiro Leão ao Rio da Prata:* inventário analítico dos documentos no Arquivo Histórico do Itamaraty. Rio de Janeiro: Funag/Brasília: IPRI, 2001.

_____. *O Barão do Rio Branco visto por seus contemporâneos.* Brasília: CHDD/Funag, 2002.

_____. *Assis Brasil* – um diplomata da República. Brasília: CHDD/Funag, 2006. 2v.

_____. *Cadernos do CHDD,* Brasília: Funag, Ano III, n.5, 2º semestre, 2004.

RELATÓRIO DA REPARTIÇÃO DOS NEGÓCIOS ESTRANGEIROS (RRNE) – 1830/1889. Disponível em: www.crl.edu/pt-br/brazil/ministerial/relaçoes_exteriores. Acesso em: 16 abr. 2012.

REZEK, José Francisco. *Conselho de Estado* – consultas da seção dos negócios estrangeiros. Brasília: Câmara dos Deputados, 1978.

Bibliografia

Artigos

ALMEIDA, Paulo Roberto de. Oliveira Lima e a diplomacia brasileira no início da República. *Historia Actual Online*, n.19, p.97-108, 2009.

ALONSO, Angela. O ensaísmo na República Jacobina. In: XIV Congresso da SBS, 2009. Disponível em: http://starline.dnsalias. com:8080/sbs/arquivos/15_6_2009_10_56_56.pdf. Acesso em: 7 mar. 2011.

BETHELL, Leslie. O Brasil e a ideia de "América Latina" em perspectiva histórica. *Estudos Históricos*, v.22, n.44, p.289-321, 2009.

CARVALHO, Elizabeth Santos de. O Barão do Rio Branco e a política de aproximação com os Estados Unidos. *Anais da Biblioteca Nacional*, v.126, p.69-138, 2009.

CONDURU, Guilherme Frazão. Cronologia e história oficial: a Galeria Amoedo do Itamaraty. *Estudos Históricos*, Rio de Janeiro, v.23, n.46, jul./dez. 2010, p.281-300.

_____. O subsistema americano, Rio Branco e o ABC. *Revista Brasileira de Política Internacional*, v.41, n.2, p.59-82, 1998.

DORATIOTO, Francisco Fernando M. A política platina do Barão do Rio Branco. *Revista Brasileira de Política Internacional*, v.43, n.2, p.130-49.

FAZENDA, José Vieira . Antiqualhas e memórias do Rio de Janeiro. *Revista do Instituto Histórico Brasileiro*, t.95, v.149, p.419-24.

FERREIRA, Gabriela Nunes et al. "O Brasil em 1889": um país para consumo externo. *Lua Nova*, n.81. São Paulo: Cedec, 2010. p.75-113.

PRADO, Maria Ligia Coelho. A distante América do Sul. *Revista de História*, n.145, p.127-49, 2001.

RICUPERO, Rubens. O Brasil e o mundo no século XXI. *Revista Brasileira de Política Internacional*, Ano XXIX, n.115-6, p.5-20, 1986.

SAMPAIO, Maria Clara Sales Carneiro. Emancipação, expulsão e exclusão: visões do negro no Brasil e nos Estados Unidos nos anos 1860. *Sankofa. Revista de História da África e Estudos da Diáspora Africana*, n.3,

2009. Disponível em: http://sites.google.com/site/revistasankofa/sankofa3/emancipacao. Acesso em: 16 abr. 2011.

SANTOS, Luís Cláudio Villafañe G. O Barão do Rio Branco e a ideia de nacionalismo no Brasil. *Tensões Mundiais*, v.6, n.10, p.13-34, 2010a.

_____. O Barão do Rio Branco como historiador. *Revista Brasileira*, Ano XVIII (out./nov./dez. 2011), v.69. Rio de Janeiro: Academia Brasileira de Letras, p.11-45, 2011.

VENANCIO FILHO, Alberto. Rio Branco e a Academia Brasileira de Letras. *Anais da Academia Brasileira de Letras*, Ano 95 (jan./jul. 1995), v.169. Rio de Janeiro: Academia Brasileira de Letras, p.45-51, 1996.

Livros

ALMEIDA, Paulo Roberto de. As relações econômicas internacionais do Brasil na primeira fase da era republicana (1889-1945). In: MARTINS, Estevão Chaves de Resende (Org.). *Relações internacionais:* visões do Brasil e da América Latina. Brasília: IBRI, 2003. p.153-85.

_____. O Barão do Rio Branco e Oliveira Lima – vidas paralelas, itinerários divergentes. In: CARDIM, Carlos Henrique; ALMINO, João (Orgs.). *Rio Branco:* a América do Sul e a modernização do Brasil. Rio de Janeiro: EMC, 2002. p.233-78.

_____. *Formação da diplomacia econômica no Brasil.* As relações econômicas internacionais no Império. São Paulo/Brasília: Senac/Funag, 2001.

ALONSO, Angela. *Ideias em movimento:* a geração de 1870 na crise do Brasil-Império. São Paulo: Paz e Terra, 2002.

ANDERSON, Benedict. *Nação e consciência nacional.* São Paulo: Ática, 1989.

ARIAS NETO, José Miguel. A Revolta da Armada de 1893: um "fato" construído. In: OLIVEIRA, Cecília H. S. de; PRADO, Maria Lígia C.; JANOTTI, Maria de Lourdes M. (Orgs.). *A história na política e a política na história.* São Paulo: Alameda, 2006. p.161-3.

AZEVEDO, José Afonso Mendonça. *Vida e obra de Salvador de Mendonça*. Rio de Janeiro: MRE, 1971. (Coleção Documentos Diplomáticos)

BEATTIE, Peter M. *The Tribute of Blood*: Army, Honor, Race, and Nation in Brazil, 1864-1945. Durham & London: Duke University Press, 2001.

BUENO, Clodoaldo. *Política externa da Primeira República*: os anos de apogeu – de 1902 a 1918. São Paulo: Paz e Terra, 2003.

_____. O Barão do Rio Branco e o projeto da América do Sul. In: CARDIM, Carlos Henrique; ALMINO, João (Orgs.). *Rio Branco*: a América do Sul e a modernização do Brasil. Rio de Janeiro: EMC, 2002. p.359-406.

BURNS, Bradford. *The Unwritten Alliance*: Rio Branco and the Brazilian--American Relations. New York: Columbia University Press, 1966.

CALÓGERAS, J. Pandiá. *A política exterior do Império*. Brasília: Senado Federal, 1998. 3v.

CARDIM, Carlos Henrique. *A raiz das coisas. Rui Barbosa*: o Brasil no mundo. Rio de Janeiro: Civilização Brasileira, 2007.

CARDIM, Carlos Henrique; ALMINO, João (Orgs.). *Rio Branco*: a América do Sul e a modernização do Brasil. Rio de Janeiro: EMC, 2002.

CARDOSO, Fernando Henrique. Dos governos militares a Prudente – Campos Sales. In: FAUSTO, Boris (Org.). *História geral da civilização brasileira*. t.III – O Brasil republicano, v.1, Estrutura de poder e economia (1889-1930), 5.ed. Rio de Janeiro: Bertrand, 1989.

CARONE, Edgard. *A República Velha (evolução política)*. 2.ed. São Paulo: Difusão Europeia do Livro, 1974.

CARVALHO, José Murilo. *A formação das almas* – o imaginário da República no Brasil. São Paulo: Companhia das Letras, 1990.

CASTRO, Flávio Mendes de Oliveira. *História da organização do Ministério das Relações Exteriores*. Brasília: Editora da UnB, 1974.

CENTENO, Miguel Angel. *Blood and Debt*: War and The Nation-State in Latin America. University Park: Pennsylvania State University Press, 2002.

CERVO, Amado Luiz. *O Parlamento brasileiro e as relações exteriores*. Brasília: Editora da UnB, 1981.

DORATIOTO, Francisco Fernando M. *Maldita guerra – nova história da Guerra do Paraguai*. São Paulo: Companhia das Letras, 2002.

EÇA DE QUEIRÓS, José Maria. *A cidade e as serras*. Porto Alegre: L&PM, 2010 [1900].

GOES FILHO, Sinésio Sampaio. Fronteiras: o estilo negociador do Barão do Rio Branco como paradigma da política exterior do Brasil. In: CARDIM, Carlos Henrique; ALMINO, João (Orgs.). *Rio Branco*: a América do Sul e a modernização do Brasil. Rio de Janeiro: EMC, 2002. p.111-53.

GREENFELD, Liah. *Nationalism*: five roads to modernity. Cambridge (MA): Harvard University Press, 1992.

HASTINGS, Adrian. *The Construction of Nationhood*: Ethinicity, Religion and Nationalism. Cambrigde: Cambridge University Press, 2001.

HOBSBAWN, Eric. *A era dos impérios (1875-1914)*. 8.ed. Paz e Terra: Rio de Janeiro, 2003.

HORNE, Gerald. *O sul mais distante* – os Estados Unidos, o Brasil e o tráfico de escravos africanos. São Paulo: Companhia das Letras, 2010.

LEVASSEUR, Émile et al. *O Brasil*. Rio de Janeiro: Editora Letras & Expressões, 2001.

LINS, Álvaro. *Rio Branco (o Barão do Rio Branco)*: biografia pessoal e história política. São Paulo: Alfa Ômega/Funag, 1996.

LUZ, Nicia Vilela. *A Amazônia para os negros americanos*: as origens de uma controvérsia internacional. Rio de Janeiro: Saga, 1968.

MAGNOLI, Demétrio. *O corpo da pátria*: imaginário geográfico e política externa no Brasil (1808-1912). São Paulo: Unesp, 1997.

MALATIAN, Teresa. *Oliveira Lima e a construção da nacionalidade*. Bauru: Edusc; São Paulo: Fapesp, 2001.

MARIZ, Vasco. *A tormentosa nomeação do jovem Rio Branco para o Itamaraty*. Brasília: Funag, 2010.

MARX, Karl. *O Dezoito Brumário de Luís Bonaparte*. 1852. Disponível em: www.culturabrasil.org/18brumario.htm. Acesso em: 16 abr. 2012.

MATTOS, Ilmar Rohloff de. *O tempo saquarema*. São Paulo: Hucitec, 1987.

MELLO, Arnaldo Vieira de. *Bolívar, o Brasil e os nossos vizinhos no Prata* – da questão de Chiquitos à Guerra da Cisplatina. Rio de Janeiro: Olímpica, 1963.

MENDONÇA, Carlos Süssekind de. *Salvador de Mendonça*: democrata do Império e da República. Rio de Janeiro: FNL, 1960.

MENDONÇA, Salvador de. *A situação internacional do Brasil*. Rio de Janeiro: Livraria Garnier, 1913.

————. *Ajuste de contas*. Rio de Janeiro: Jornal do Commercio, 1914.

MOSSÉ, Benjamin. *D. Pedro II, imperador do Brasil*. São Paulo: Edições Cultura Brasileira, 1890.

NABUCO, Carolina. *A vida de Joaquim Nabuco*. 4.ed. Rio de Janeiro: José Olympio Editora, 1985.

NABUCO, Joaquim. *Minha formação*. Rio de Janeiro: Topbooks, 1999.

OCAMPO, Emilio. *Alvear en la guerra con el Imperio del Brasil*. 2.ed. Buenos Aires: Claridad, 2003.

OLIVEIRA, Lucia Lippi. *A questão nacional na Primeira República*. São Paulo: Brasiliense, 1990.

OLIVEIRA LIMA, Manuel. *Formação histórica da nacionalidade brasileira*. 2.ed. Rio de Janeiro: Topbooks, 1997.

————. *Memórias (estas minhas reminiscências...)*. Rio de Janeiro: José Olympio Editora, 1937.

OVANDO, Jorge Alejandro. *La invasión brasileña a Bolívia en 1825 (una de las causas del Congreso de Panamá)*. La Paz: Isla, 1977.

PALM, Paulo Roberto. *A abertura do Rio Amazonas à navegação internacional e o Parlamento brasileiro*. Brasília: Funag, 2009.

PRADO, Eduardo. *A ilusão americana*. 5.ed. São Paulo: Ibrasa, 1980 [1893]. Disponível em: www.ebooksbrasil.org/eLibris/ilusao.html.

RICUPERO, Rubens. *Rio Branco*: o Brasil no mundo. Rio de Janeiro: Contraponto/Petrobras, 2000.

————. Rio Branco, definidor de valores nacionais. In: CARDIM, Carlos Henrique; ALMINO, João (Orgs.). *Rio Branco*: a América do Sul e a modernização do Brasil. Rio de Janeiro: EMC, 2002. p.79-98.

————. *Barão do Rio Branco*: uma biografia fotográfica. Brasília: Funag, 2002a.

RIO BRANCO (José Maria da Silva Paranhos Júnior). *Esboço da história do Brasil*. Brasília: MRE/Funag, 1992.

RIO BRANCO, Raul do. *Reminiscências do Barão do Rio Branco*. Rio de Janeiro: José Olympio, 1942.

ROCHA, Antonio Penalves. *Abolicionistas brasileiros e ingleses:* a coligação entre Joaquim Nabuco e a British and Foreign Anti-Slavery Society (1880-1902). São Paulo: Unesp, 2009.

SANT'ANNA NERY, Frederico José de. *Le Brésil en 1889*. Paris: Librairie Charles Delagrave, 1889.

SANTOS, Luís Cláudio Villafañe G. *O dia em que adiaram o Carnaval:* política externa e a construção do Brasil. São Paulo: Unesp, 2010.

_____. *La independencia del Brasil en el contexto latinoamericano:* el "otro" que vive al lado. IV Congreso Sudamericano de Historia. Quito, 2009.

_____. *O Brasil entre a América e a Europa:* o Império e o interamericanismo (do Congresso do Panamá à Conferência de Washington). São Paulo: Unesp, 2004.

_____. *O Império e as repúblicas do Pacífico:* as relações do Brasil com Chile, Bolívia, Peru, Equador e Colômbia (1822-1889). Curitiba: Editora da UFPR, 2002.

SCHWARCZ, Lilia Moritz. *As barbas do imperador:* D. Pedro II, um monarca dos trópicos. São Paulo: Companhia das Letras, 1998.

SETON-WATSON, Hugh. *Nations and States:* an Enquiry Into the Origins of Nations and the Politics of Nationalism. Boulder: Westview Press, 1977.

SEVCENKO, Nicolau. *A literatura como missão:* tensões sociais e criação cultural na Primeira República. 4.ed. São Paulo: Braziliense, 1995.

SMITH, Anthony D. *Nacionalismo*. Madrid: Alianza Editorial, 2004.

SOARES DE SOUZA, J. A. O Brasil e o Rio da Prata, de 1828 à queda de Rosas. In: HOLANDA, Sérgio Buarque de (Org.). *História geral da civilização brasileira*. 5.ed. t.II, v.3. São Paulo: Difel, p.113-32.

TOPIK, Steven C. *Comércio e canhoneiras* – Brasil e Estados Unidos na era dos impérios (1889-97). São Paulo: Companhia das Letras, 2009.

VIANA FILHO, Luís. *A vida do Barão do Rio Branco*. 8.ed. São Paulo: Unesp/Salvador: EDFBA, 2008.

_____. *A vida de Rui Barbosa*. Porto: Lello & Irmão, 1981.

WASHINGTON NATIONAL CATHEDRAL. *Jewels of Light*: the Stained Glass of Washington National Cathedral. Washington: WNC, 2004.

SOBRE O LIVRO

Formato: 14 x 21 cm
Mancha: 23,3 x 40 paicas
Tipologia: Iowan Old Style 10/14
Papel: Offset 75 g/m² (miolo)
Cartão Supremo 250 g/m² (capa)
1ª edição: 2012

EQUIPE DE REALIZAÇÃO

Edição de Texto
Vanderlei Orso (Copidesque)
Norma Gusukuma (Revisão)

Capa
Estúdio Bogari

Editoração Eletrônica
Sergio Gzeschnik

Imagem de capa
Reprodução de caricatura do Barão do Rio Branco
publicada na capa da revista O *Malho,* em 1908.